LE LIVRE DU DIVAN

STENDHAL

VIE DE ROSSINI

II

ÉTABLISSEMENT DU TEXTE ET PRÉFACE PAR
HENRI MARTINEAU

PARIS
LE DIVAN
37, Rue Bonaparte, 37

MCMXXIX

VIE DE ROSSINI

II

STENDHAL

VIE
DE ROSSINI

> Laissez aller votre pensée comme cet insecte qu'on lâche en l'air avec un fil à la patte.
>
> SOCRATE. *Nuées d'Aristophane.*

II

PARIS
LE DIVAN
37, Rue Bonaparte, 37

MCMXXIX

VIE DE ROSSINI

CHAPITRE XX

LA CENERENTOLA

J'AI entendu pour la première fois la *Cenerentola* à Trieste ; elle était divinement chantée par madame Pasta, aussi piquante dans le rôle de Cendrillon qu'elle est tragique dans Roméo ; par Zuchelli, dont le public de Paris a le tort de ne pas assez apprécier la voix magnifique et pure ; et enfin par le délicieux bouffe Paccini.

Il est difficile de rencontrer un opéra mieux monté. Le public de Trieste fut de cet avis ; car, au lieu de trente représentations de la *Cenerentola* que madame Pasta devait donner, il en exigea cent.

Malgré le talent des acteurs et l'enthousiasme du public, chose si nécessaire au plaisir musical, la *Cenerentola* ne me fit aucun plaisir. Le premier jour, je me crus malade ; je fus obligé de m'avouer aux représentations suivantes, qui me laissaient froid et glacé au milieu d'un public ivre de joie, que mon malheur était un accident personnel. La musique de la *Cenerentola* me paraît manquer de *beau idéal*.

Il est des spectateurs peu attentifs au mérite de la difficulté vaincue, et auxquels la musique ne plaît que par les illusions romanesques et brillantes dont elle berce leur imagination. Si la musique est mauvaise, elle ne donne rien à l'imagination ; si elle est sans *idéal*, elle fournit des images qui choquent comme basses, et l'imagination repoussée prend son vol ailleurs. En voyant la *Cenerentola* sur l'affiche, je dirais volontiers comme le marquis de Moncade : C'est ce soir que je m'encanaille. Cette musique fixe constamment mon imagination sur des malheurs ou des jouissances de vanité, sur le bonheur d'aller au bal avec de beaux habits ou d'être nommé maître d'hôtel par un prince. Or, né en France et l'ayant longtemps habitée, j'avoue que je suis las et de la vanité, et des désappointements de la vanité, et du caractère gascon, et des cinq ou six cents vaudevilles qu'il m'a fallu essuyer sur les mécomptes de la vanité. Depuis la mort des derniers hommes de génie, d'Églantine et Beaumarchais, tout notre théâtre ne roule que sur un seul mobile, la vanité ;

la société elle-même, du moins les dix-neuf vingtièmes de la société et tout ce qu'elle renferme de vulgaire, n'est mis en activité que par un seul mobile, la vanité. On peut, je crois, sans cesser d'aimer la France, être un peu las de cette passion qui, chez nous, remplace toutes les autres.

J'allais à Trieste pour chercher du nouveau ; en voyant la *Cenerentola*, je me crus encore au Gymnase.

La musique est incapable de *parler vite ;* elle peut peindre les nuances de passions les plus fugitives, des nuances qui échapperaient à la plume des plus grands écrivains ; on peut même dire que son empire commence où finit celui de la parole ; mais ce qu'elle peint, elle ne peut pas le montrer *à moitié.* Elle partage en ce sens les désavantages de la sculpture, mise en rivalité avec la peinture sa sœur ; la plupart des objets qui nous frappent dans la vie réelle sont interdits à la sculpture, parce qu'elle a le malheur d'être hors d'état de peindre *à demi.* Un guerrier célèbre, couvert de son armure, est magnifique sous le pinceau de Paul Véronèse ou de Rubens ; rien de plus ridicule et de plus lourd sous le ciseau du sculpteur. Voyez le Henri IV de la cour du Louvre[1].

[1]. Ce qu'une lettre à écrire à une femme d'esprit que l'on aime un peu est à l'égard de la simple conversation,

Un sot fera un récit pompeux et faux d'un prétendu combat dans lequel il s'est couvert de gloire ; le chant est de *bonne foi* et nous peint sa valeur, mais l'accompagnement se moque de lui. Cimarosa a fait vingt chefs-d'œuvre sur des données de cette espèce.

La mélodie ne peut pas fixer *à demi* notre imagination sur une nuance de passion, cet avantage est réservé à l'harmonie ; mais remarquez que l'harmonie ne peut peindre que des nuances *rapides* et *fugitives*. Si elle usurpe trop longtemps l'attention, elle tue le chant, comme dans certains passages de Mozart ; et, à son tour, l'harmonie devenant partie principale, ne peut pas peindre *à demi*. Je demande pardon pour ce petit écart métaphysique, que je pourrais rendre moins inintelligible au moyen d'un piano [1].

Je tentais d'expliquer comme quoi la musique est peu propre à rendre les *bonheurs de vanité*, et toutes les petites mystifications françaises qui, depuis dix ans, fournissent les théâtres de Paris de tant de pièces *extrêmement piquantes* [2],

---

la sculpture l'est à l'égard de la peinture. Dans les deux genres, la grande difficulté est de ne pas marquer trop ce qui ne mérite que d'être indiqué.

1. On se souvient de la cavatine d'*Otello* : le chant triomphe, et l'accompagnement dit à Othello : Tu mourras.

2. *Le Faux Pourceaugnac, le Comédien d'Étampes*, les

mais que l'on ne peut revoir trois fois.

Les bonheurs de vanité sont fondés sur une comparaison vive et rapide avec *les autres*. Il faut toujours *les autres ;* cela seul suffit pour glacer l'imagination, dont l'aile puissante ne se développe que dans la solitude et l'entier oubli *des autres.* Un art qui n'agit que par l'imagination ne doit donc pas se piquer de peindre la vanité.

La *Cenerentola* est de 1817 ; Rossini l'écrivit à Rome pour le théâtre *Valle* et pour la saison du Carnaval (26 décembre 1816, jusque vers le milieu de février 1817). Il eut des chanteurs assez inconnus, mesdames Righetti et Rossi, le ténor Guglielmi, et le bouffe De Begnis.

L'introduction de la *Cenerentola* se compose du chant des trois sœurs : l'aînée essaie un pas devant sa psyché ; la seconde ajuste une fleur dans ses cheveux ; la pauvre Cendrillon, fidèle au rôle que nous lui connaissons depuis notre enfance, souffle le feu pour faire du café. Cette introduc-

---

Mémoires d'un colonel de hussards, etc., le *Deceiver deceived* de Drury-Lane, etc. L'*high life* dans toute l'Europe ne vit que de vanité. C'est pour cela peut-être que cette classe, la seule qui cultive la musique hors de l'Italie, a le cœur si anti-musical, et qu'en revanche elle a tant de goût pour les livres français.

Les *Contes moraux* de Marmontel sont le sublime de l'esprit et de la délicatesse pour un grand seigneur de Pétersbourg. (*De la Russie,* par Passovant et Clarke.)

tion est fort piquante ; le chant de Cendrillon est touchant, mais touchant comme le drame, touchant par un malheur vulgaire : tout cela semble écrit sous la dictée du proverbe français : *Glissons, n'appuyons pas*. Cette musique est éminemment rossinienne. Jamais Paisiello, Cimarosa ou Guglielmi n'ont atteint à ce degré de légèreté.

Una volta, e due, e tre !

Le chant de ces mots me semble parfaitement trivial. A ce moment, la musique de la *Cenerentola* commence toujours à m'être déplaisante ; et cette impression, qui ne disparaît jamais tout à fait, revient souvent avec une nouvelle force. A Trieste, pour me consoler d'être triste comme un Anglais au milieu d'un parterre tout joyeux, je conclus de ce que j'éprouvais que la musique a aussi son *beau idéal* ; il faut que les situations auxquelles elle nous fait songer, il faut que les images qu'elle lance sur notre imagination n'aient point un degré de vulgarité trop marqué. Je ne puis me faire aux comédies de M. Picard, je méprise trop ses héros ; je ne nie pas qu'il n'y ait beaucoup de *Philibert* et de *Jacques Fauvel* dans le monde, mais ce que je nie, c'est que je leur adresse jamais la parole.

En entendant ce chant,

> Una volta, e due, e tre !

je me crois toujours dans une arrière-boutique de la rue Saint-Denis. Le Polonais ou l'habitant de Trieste ne peut avoir cette impression désagréable : quant à moi, je désire de tout mon cœur que l'on soit heureux dans toutes les arrière-boutiques de France, mais je ne puis faire ma société des gens qui les habitent ; je déplairais encore plus qu'on ne me déplairait.

La cavatine de don Magnifico,

> Miei rampolli feminini,

chantée par Galli ou Zuchelli, est une débauche de belle voix : ce morceau a beaucoup de succès, parce qu'il nous fait goûter vivement le charme attaché à de beaux sons de basse bien pleins et bien sonores ; du reste, il est dans le style de Cimarosa, au génie près.

Le duetto de Ramire, le prince déguisé de la *Cenerentola*[1], me console un peu de la cavatine de don Magnifico ; cette grâce est encore un peu celle des Nina de la rue

---

1. Edition de 1854 : « Le prince déguisé avec Cenerentola. » N. D. L. E.

Vivienne, mais tout plaît dans une jolie femme, et la beauté fait oublier le ton vulgaire. Il y a du charme dans

Una grazia, un certo incanto ;

je trouve beaucoup d'esprit dans

Quel ch' è padre non è padre
....
Sta a vedere che m'imbroglio[1]

Nous voici dans la vraie force du talent de Rossini, dans sa partie triomphante. Quel dommage pour les personnes qui sentent d'une certaine façon qu'il n'ait pas mêlé un peu de noblesse à tout son esprit ! Il faut se souvenir que cet opéra fut écrit pour les Italiens de Rome, des habitudes desquels trois siècles de Papauté et de la politique des Alexandre VI et

---

[1]. Lorsque je cite hardiment un mauvais vers d'un libretto italien au public le plus difficile de l'Europe, on sent bien que mon unique prétention ne peut être que de rappeler la *cantilena* et l'accompagnement que Rossini a faits sur ce vers. Comment obtenir un tel résultat d'un lecteur qui depuis six mois n'est pas allé aux Bouffes ? Je récuse donc tout lecteur qui, dans les six mois qui ont précédé la lecture de cette note, n'est pas allé à Louvois au moins dix fois, et n'a pas lu depuis deux ans un livre de discussion sérieuse sur les principes des Beaux-Arts, par exemple l'ouvrage de M. l'abbé Dubos sur *la poésie et la Peinture*, ou les *Principes du Goût* de Paine Knight, ou le *Traité du Beau* d'Alison, ou quelque traité allemand sur ce que nos voisins appellent l'esthétique.

de Ricci[1] ont banni toute noblesse et toute élévation[2].

La cavatine du valet de chambre Dandini habillé en prince,

> Come il ape ne' giorni d'aprile,

est extrêmement piquante. Ici le style d'antichambre est à sa place ; il y a juste dans la musique, comme dans le libretto, ce vernis léger de vulgarité nécessaire pour rappeler l'état de Dandini, mais il ne choque pas. Dans Cimarosa, nous voyons plutôt les passions des personnages subalternes que les habitudes sociales que leur a fait contracter leur position dans la société ; seulement leurs passions sont contrariées par les circonstances d'une position inférieure.

[1]. Empoisonnement de l'honnête Ganganelli, qui, placé à une fenêtre de son palais de Montecavallo éclairée par le soleil, s'amusait à éblouir les passants avec la réverbération d'un miroir. Singulier effet du poison jésuitique !

[2]. Ces mœurs sont peintes admirablement et avec une naïveté singulière dans les seize comédies de Gherardo de'Rossi. A l'exception des grandes inconvenances sociales, telles que l'incendie par vengeance, l'empoisonnement et autres évènements trop forts pour la comédie, et dont la peinture, comme chose possible dans les Etats de Sa Sainteté, aurait pu compromettre la tranquillité de M. de' Rossi, qui est banquier à Rome, tout y est. Ces comédies et les *Confessions de Carlo Gozzi* sont les pièces justificatives de tout ce qu'on avance ici sur ce pays singulier, qui, au milieu de la *sécheresse* moderne, produit encore des Canova, des Vigano, des Rossini, tandis que nous n'avons, à quelques expressions près, que des charlatans plus ou moins adroits à courir la pension.

Cette cavatine, qui sert de *concerto* à une belle voix de basse, est souvent chantée à Paris, d'une manière délicieuse, par l'excellent Pellegrini : il dit avec une grâce infinie et avec des *fioriture* tout à fait séduisantes :

> Galoppando s'en va la ragione
> E fra i colpi d'un doppio cannone
> Spalancato è il mio core di gia,
> (Ma al finir della nostra commedia...)

La rapidité du chant de ce dernier vers est entraînante. L'auteur italien (le signor Feretti, Romain) a eu le bon esprit, comme on voit, de ne pas copier l'esprit français de son original, il lui a fallu du courage. On sait assez que *Cendrillon* est l'un des plus jolis ouvrages de M. Etienne.

Après les idées, sinon basses, du moins extrêmement vulgaires que cet opéra nous a présentées jusqu'ici, et dont Rossini a plutôt forcé que modéré la couleur, l'âme est rafraîchie par le jeu de madame Pasta et sa passion enfantine lorsque, courant après son père, qu'elle retient par la basque de son habit brodé, elle lui chante :

> Signor, una parola !

J'avoue que ce quintetto me fait un grand plaisir ; j'ai besoin de quelque chose de noble en musique comme en peinture, et j'ai l'honneur d'être, pour les *Téniers*, de l'avis de Louis XIV.

Il fallait le jeu de madame Pasta pour que je puisse pardonner la trivialité du chant

    La belle Venere
    Vezzoza, pomposetta !

Ce coloris déplaisant disparaît tout à coup dans

    (Ma vattene) Altezzissima !

La passion se montre chez don Magnifico et à l'instant je ne vois plus la trivialité de ses habitudes. La belle voix de Galli est ravissante à cet instant.

Il y a un chant fort agréable, quoique encore un peu vulgaire, sur les paroles :

    Nel volto estatico
    Di questo è quello.

La sortie de don Magnifico, dans la scène suivante, offrait encore à Galli une occasion de faire admirer sa superbe voix dans le vers

    Tenete allegro il re : vado in cantina[1].

---

1. « Tenez le prince en gaieté, moi je vais à la cave. » — On dit en Italie, d'une voix qui ne se fait pas entendre : *Canta in cantina.*

Jouant un peu sur le mot *cantina* (cave), sa voix magnifique descendait jusqu'au *la* d'en bas.

Le *finale* du premier acte, qui débute par un chœur des courtisans du prince, qui ramènent don Magnifico de la cave, à demi ivre, et qui continue par l'air de don Magnifico, est tout à fait dans l'ancien style bouffe de Cimarosa, à la passion près. Je n'ai déjà que trop répété, peut-être, que l'absence de la passion dans les personnages bas laisse paraître tout à coup ce que leur état peut avoir de dégoûtant, et j'avoue que je ne puis pas revoir deux fois Tiercelin dans le *Coin de Rue* ou dans l'*Enfant de Paris*.

Dans l'air de don Magnifico :

Noi don Magnifico,

la passion est remplacée, comme de coutume, par l'esprit, et l'esprit, en musique, n'empêche pas toujours d'être un peu plat. Il n'y a que de beaux sons dans cet air, je n'y trouve ni verve ni génie ; or, il me semble que la farce n'admet pas la médiocrité. En revanche, le duetto qui suit est entraînant ; on disait à Trieste que c'était le chef-d'œuvre de la pièce. Ramire demande à Dandini, son valet de chambre, déguisé en prince, ce qu'il lui semble du caractère des deux filles du baron :

> Zitto, zitto ; piano, piano.

La partie du ténor (Ramire) est d'une fraîcheur délicieuse et tout à fait d'accord avec les sentiments d'un jeune prince à qui l'enchanteur qui le protège a révélé qu'une des filles du baron est digne de tous ses vœux : l'enchanteur veut parler de Cendrillon. La rapidité et la vivacité de ce duetto sont inimitables : c'est un feu d'artifice. Jamais la musique n'a lancé avec cette rapidité et ce succès des sensations nouvelles et piquantes sur l'âme des spectateurs.

L'homme dans une situation ordinaire, qui assiste à ce duetto, ne peut pas s'empêcher d'être gai ; il se sent venir à l'esprit les idées les plus bouffonnes, ou plutôt il se sent ravir par le bonheur que donnent ces idées quand on les goûte. Le quartetto qui se forme par l'arrivée des deux sœurs a des passages jolis et d'une grande vérité dramatique :

> Con un anima plebea !
> Con un aria dozzinale !

Il y a de la grâce et surtout beaucoup

d'esprit dans l'air de la Cenerentola à son entrée dans le salon :

> Sprezza quei don che avversa.

Le second acte s'ouvre par un air de don Magnifico, dans lequel il nous dit que, lorsqu'une de ses filles sera l'épouse du prince, les revenants-bons pleuvront chez lui :

> Già mi par che questo e quello
> Confinandomi a un cantone
> E cavandosi il cappello
> Incominci : Ser barone
> Alla figlia sua reale
> Porterebbe un memoriale ?
> Prendrà poi la cioccolata,
> È una doppia ben coniata.
> Faccia intanto scivolare
> Io rispondo : Eh si vedremo ;
> Già è di peso[1] ? parleremo...

---

1. « Je crois déjà voir tel de mes voisins qui me prend à part dans un coin, et me dit : Monsieur le baron, daigneriez-vous présenter ce placet à votre royale fille ? *Voilà pour prendre le chocolat;* et à l'instant une quadruple me tombe dans la main. Je réponds : Ce n'est pas le crédit qui me manque, mais votre quadruple est-elle de poids ? »
Telles sont les mœurs de la malheureuse Rome, telles sont les plaisanteries qui n'y sont pas sifflées ! telle est la manière de traiter les affaires dans les Etats du pape ! A Paris, nous avons plus de délicatesse. Deux jeunes gens qui faisaient de grandes et bonnes affaires avec le ministre de la ***, pensèrent qu'ils pourraient doubler la quantité des bordereaux fictifs qu'ils présentaient tous les mois à la signature, s'ils parvenaient à faire un cadeau agréable au citoyen ministre. Après avoir couru quelque temps les environs de Paris, ils trouvèrent enfin un château fort

L'air de Ramire, quand il est amoureux et qu'il jure de trouver sa belle,

> Se fosse in grembo a Giove [1],

est agréable et fort piquant ; c'est un morceau brillant pour une jolie voix de ténor, cela est admirable dans un concert : sur quoi j'observerai que les imitateurs de Rossini ont bien pris sa rapidité, chose facile à copier en musique, mais ils n'ont jamais pu imiter son esprit.

agréable, au milieu d'une jolie terre, non loin de Mon.....
Nos jeunes gens achètent la terre, et font arranger le château dans le goût le plus moderne et avec toute l'élégance possible. Quand toutes les réparations furent achevées, les parquets cirés, les pendules montées, l'un des fournisseurs dit à son ami : Jouissons huit jours de notre château avant de le donner au ministre. Le résultat de cette idée lumineuse fut la présence de vingt jolies femmes et de leurs amis, de grands dîners tous les jours, des bals tous les soirs. Enfin le terme fatal arrive ; l'un des amis prend tristement les clefs du château et va les présenter au citoyen ministre. « Le château sera humide. » Telles sont les seules paroles du ministre en recevant le cadeau. — « Impossible citoyen ministre, nous avons pris la pré- « caution de l'habiter huit jours avant de vous l'offrir. » « Et avec quelles gens l'avez-vous habité ? — « Ma foi, « avec des hôtes fort aimables, avec nos amis ordinaires. » — « C'est-à-dire, reprend le ministre en fronçant le sourcil, « que vous avez osé introduire des femmes suspectes dans « mon château ; je vous trouve, je l'avoue, d'une rare « impertinence. Allez, citoyen, et à l'avenir sachez garder « plus de respect pour un ministre. » A ces mots, le fournisseur s'éclipse et le citoyen ministre demande ses chevaux pour aller à sa terre.

1. « Fût-elle cachée dans le sein de Jupiter. » On voit que la mythologie est la providence des mauvais poëtes, en Italie comme en France.

Le duetto qui suit,

<blockquote>Un segreto d'importanza,</blockquote>

est la perfection de l'art d'imiter. Très-probablement ce duetto n'existerait pas sans celui du second acte du *Matrimonio segreto* :

<blockquote>Se fiato in corpo avete.</blockquote>

Et cependant, même quand on sait par cœur le duetto du *Mariage secret*, on entend encore celui-ci avec un plaisir infini. Mon assertion peut se vérifier à Paris ; ce duetto est supérieurement chanté par Zuchelli et Pellegrini. Les mots

<blockquote>Son Dandini, il cameriere !</blockquote>

font toujours rire, par l'extrême vérité dramatique et par le malheur subit de la grosse vanité du baron.

Que ne puis-je donner au lecteur l'esquisse la plus légère de l'effet que le délicieux bouffe Paccini, chargé du rôle de Dandini, produisait à Trieste ! Il fallait le voir jouissant de la sottise du baron lorsqu'ils paraissaient ensemble pour le duetto, l'observant du coin de l'œil sans qu'il y parût, mais tellement attentif à l'observer, qu'en s'asseyant il était toujours sur le point de manquer sa chaise et de tomber à terre ; il fallait le voir s'efforçant, mais en vain, de dissimuler le rire fou qui le saisit quand il s'aperçoit de l'importance que le baron attache à la confidence qu'il va lui faire ; alors, détournant la tête pour cacher son rire, lequel mouvement désespérait le baron, comme signe de disgrâce de la part du prince, et ensuite, au premier moment de sérieux qu'il pouvait obtenir, se retournant d'un air grave vers le pauvre baron ; la force de soutenir l'air grave venant à lui manquer, il élevait les sourcils d'une manière démesurée, nouvelle inquiétude mortelle du gentilhomme campagnard à la vue de cette mine réellement épouvantable de la part du prince. L'acteur chargé du rôle du baron n'avait nul besoin de faire des gestes ; les spectateurs, étouffant de rire et s'essuyant les yeux, n'avaient aucune attention à lui donner ; son ridicule était à jamais établi par les gestes de Paccini : ils étaient tellement ceux d'un homme qui jouit *actuellement* de la présence réelle d'un sot qu'il attrape, que le rôle du baron, eût-il été joué avec toute la noblesse possible par Fleury ou de' Marini, ces grands maîtres dans l'art du comique noble, ils eussent été ridicules, il n'y avait pas à s'en dédire. On voyait trop de vérité dans les gestes de Paccini pour qu'on pût admettre un instant qu'un homme, faisant ces mines, pût se tromper sur la présence réelle d'un sot.

Et ce spectacle étonnant changeait tous les jours ; comment donner une idée de la foule infinie de mauvaises plaisanteries, de parodies des gestes de ses camarades, d'allusions à leurs petites aventures ou aux anecdotes de la journée dans Trieste, dont Paccini remplissait son jeu ?

Quels rires inextinguibles, lorsqu'un jour, en disant au baron,

Io vado sempre a piedi,

il s'avisa d'ajouter : *Per esempio verso la crociata!* Je sens qu'on ne *raconte pas le rire;* car, pour le raconter, il faut le reproduire, et la moindre anecdote qui, à raconter, prend une demi-minute, juste le temps dont elle est digne, coûte à l'imprimer trois ou quatre pages, à la vue desquelles on est saisi de honte, et l'on efface.

Paccini est, comme Rabelais, un volcan de mauvaises plaisanteries ; et, quelque effet qu'elles produisent dans la salle, il est sans doute celui qu'elles réjouissent le plus : il n'est aucun spectateur qui puisse en douter, tant il y a de verve et de vérité dans son geste. C'est, je pense, cette *vérité*, cette naïveté évidente, qui lui fait pardonner le nombre infini de choses burlesques et ridicules qu'on lui voit hasarder à chaque représentation, et qui, ailleurs, le feraient mettre en prison. Par exemple, à Trieste, le 12 février, on célèbre le jour de naissance du souverain ; on chante une messe en musique à la cathédrale, et le *Gloria in excelsis* est, comme on sait, l'un des morceaux les plus importants de toute messe en musique : il y a sur ces paroles un mouvement de passion à exprimer. Tous les fidèles peuvent chanter à l'église, Paccini comme un autre : pourquoi pas ? en Italie, les chanteurs ne sont nullement excommuniés. Paccini se rend donc à l'église, mais il y arrive avec les cheveux poudrés à blanc ; il chante le *Gloria in excelsis* avec les fidèles, et même il chante bien et de tout le sérieux possible. Mais, à la vue de cette figure de Paccini chantant et sérieux, toute l'église éclate de rire, et les autorités constituées les premières.

J'ai choisi exprès, pour la rapporter, une des plus mauvaises plaisanteries de Paccini. Il est clair qu'à Paris elle ne créerait que de l'indignation ou du dégoût, au lieu du rire général dont nous fûmes témoins à Trieste : c'est précisément de cette indignation que je veux parler. Paccini, s'il jouait en France, non-seulement ferait naître de l'indignation par la plaisanterie condamnable ci-dessus rapportée, mais encore, je l'avance hardiment, par un grand nombre d'autres *nullement répréhensibles*.

Dans mon intime conviction, Paccini, engagé à l'Opéra-Italien de Londres, y aurait certainement le plus grand succès, comme à Louvois il serait effrayé et glacé, ou impitoyablement sifflé s'il osait être lui-même. On dirait que le rire est prohibé en France[1] ; sur quoi je demande : ce malheur doit-il se rencontrer dans toutes les civilisations avancées ? Un peuple doit-il nécessairement passer, en se civilisant par un tel excès de vanité ? ou bien rencontrons-nous tout simplement ici un nouvel effet de l'influence de la cour de Louis XIV sur les goûts des Français et sur leur manière d'apprécier toutes choses ? L'Amérique, république fédérative, en se débarrassant de la tristesse puritaine et de la cruauté biblique, d'ici

---

1. Nous avons réduit nos meilleurs acteurs comiques Samson et Monrose, à n'être que des gens qui nous répètent un bon conte *que nous savons*. Notre sourcilleuse pruderie ne veut rien d'imprévu. Le seul Potier a peut-être le privilège de nous faire rire *sans conséquence*. C'est que nous pouvons mépriser son genre à notre aise.

à cent cinquante ans arrivera-t-elle à cette prohibition de rire [1] ?

Si nous n'avons pas eu Paccini à Paris, s'il est même *impossible* que nous l'ayons jamais, nous avons entrevu Galli, dans le rôle de don Magnifico. Mais c'est à Milan, où il est aimé d'un public qui aime à rire, qu'il fallait voir son sérieux lorsqu'il visite le salon pour vérifier si personne n'écoute ; à ce seul sérieux on reconnaît le sot qui va recevoir une grande confidence. Et quel feu, quelle admirable vivacité dans sa manière de retourner à son fauteuil pour écouter le prince ! Il était tellement opprimé par le respect, et cependant si avide d'écouter, qu'il n'avait plus de forces, et que son corps prenait comme le mouvement ondulant d'un serpent, varié, à chaque parole du prince, par un mouvement convulsif ; on ne pouvait pas douter d'avoir sous les yeux l'extrême d'une passion, et d'une passion ridicule. Galli n'a osé hasarder qu'une partie de ces gestes devant le public de Paris, qui effraie les pauvres chanteurs italiens. Ils savent que c'est à Paris que se font aujourd'hui les réputa-

---

[1] Je m'attends bien que, si les littérateurs français lisent cette page, ils vont s'écrier en colère : Mais nous rions beaucoup ! Il n'y a même que le Français en Europe qui sache rire !

tions européennes. Un article musical de *la Pandore*, qui n'est pour nous qu'une pauvreté bien écrite que nous sautons, est une chose importante pour un pauvre acteur étranger. Il a la bonhomie d'y voir la voix du public le plus respectable de l'Europe. Un Anglais, de son côté, y cherche l'indication des talents, à la vue desquels il doit s'écrier : *wonderfull! quite amasing!* Et plus l'article est frivole et ridicule, plus il semble respectable à cet esclave révolté contre le sérieux.

Le duetto

Un segreto d'importanza,

est bientôt suivi d'un morceau d'orchestre qui peint une tempête pendant laquelle le carrosse du prince est renversé. Ce n'est point du tout le style allemand ; cette tempête n'est point comme celle de Haydn dans les *Quatre-Saisons*, ou comme la composition des balles fatales dans le *Freyschütz* de Maria Weber. Cet orage n'est pas pris au tragique : la nature y est cependant imitée avec vérité ; il a son petit moment d'horreur fort bien rendu. Enfin, sans de grandes prétentions au tragique, ce morceau fait un charmant contraste dans un opéra buffa. On s'écrie vingt fois en l'entendant (mais non pas à Louvois, je parle d'un orchestre qui sent les nuances, celui de Dresde ou de Darmstadt, par exemple) ; on s'écrie, *que d'esprit !* J'ai eu souvent des discussions sur ce morceau, avec mes amis allemands ; j'ai bien reconnu qu'à leurs yeux cette tempête n'est qu'une miniature effacée : qu'on juge de leur mépris, il leur faut pour les toucher des fresques à la Michel-Ange ; ils aiment, par exemple, le tapage infernal de la fin du morceau de la formation des balles diaboliques du *Freyschülz* dont je parlais tout à l'heure. Nouvelle preuve que le *beau idéal*, en musique, varie comme les climats. A Rome, pays pour lequel Rossini a écrit cette tempête, des hommes d'une sensibilité vive et irritable à l'excès, heureux par leurs passions, malheureux par les affaires sérieuses de la vie, se nourrissent de café et de glaces : à Darmstadt, tout est bonhomie, imagination et musique[1] ; avec de la prudence et force coups de chapeau au prince, on parvient à se faire un joli bien-être ; d'ailleurs on vit de bière et de choucroute, et l'air est offusqué de brouillards six mois de l'année. A Rome, le 25 décembre, jour de Noël,

---

1. Le prince de Darmstadt rappelle les beaux jours de l'empereur Charles VI, qui passait pour le premier contrepointiste de ses États. Ce prince, ami des arts, ne manque pas une répétition de son Opéra, et bat la mesure dans sa loge ; il a donné son ordre à tous les musiciens de son orchestre, qui est excellent.

en allant à la messe papale à Saint-Pierre, le soleil m'incommodait; c'était comme à Paris un jour chaud de la mi-septembre.

Après la tempête vient le charmant sestetto,

> Quest' è un nodo inviluppato ;

si frappant d'originalité : je l'admirais davantage autrefois ; il me semble aujourd'hui avoir des longueurs vers la fin de la partie chantée *sotto voce*. Ce sestetto peut disputer la qualité de chef-d'œuvre de la pièce au charmant duetto du premier acte entre Ramire et Dandini,

> Zitto, zitto ; piano, piano ;

et si le duetto l'emporte, c'est par l'admirable *rapidité*, c'est parce qu'il est une des choses les plus entraînantes que Rossini ait écrites dans le style vif et rapide, où il est supérieur à tous les grands maîtres, et qui forme le trait saillant de son génie.

Le grand air de la fin, chanté par la Cenerentola, est un peu plus qu'un air de bravoure ordinaire ; on y trouve quelques lueurs de sentiment :

> Perchè tremar, perchè ?
> ....
> Figlia, sorella, amica,
> Padre, sposo, amiche ! oh istante !

A la vérité, la mélodie de ces traits de sentiment est assez commune. C'est un des airs que j'ai entendus le mieux chanter par madame Pasta ; elle y portait un accent digne de la situation (un bon cœur qui triomphe et pardonne après de longues années de misère), et éloignait ainsi l'idée importune d'un air de bravoure et fait pour les concerts. Au contraire, dans la bouche de mademoiselle Esther Mombelli, à Florence, en 1818, cet air n'était plus qu'un air de bravoure supérieurement chanté. Rien n'était plus net et plus perlé que le son de cette belle voix conduite avec toute la grâce naïve de la méthode antique. On croyait assister à un concert ; personne ne songeait au sentiment qui aurait pu animer *Cendrillon*, et qui n'animait pas la musique. Quand madame Pasta chante Rossini, elle lui prête précisément les qualités qui lui manquent.

On peut remarquer que voilà trois de ses opéras que Rossini finit par un grand air de la prima donna : *Sigillara*, *l'Italiana in Algeri* et la *Cenerentola*.

Je dois répéter ici que je suis tout à fait juge incompétent pour la *Cenerentola*. Cette protestation est dans mon intérêt ; l'on douterait de mon extrême sensibilité pour la musique, et je puis faire de la modestie sur tout, excepté sur l'extrême sensibilité. La *Cenerentola* est une des partitions qui a eu le plus de succès en France et je ne doute pas que si le caprice des directeurs avait engagé pour ce rôle mademoiselle Mombelli, mademoiselle Schiassetti, ou telle autre bonne chanteuse, cet opéra n'eût atteint le succès du *Barbier*. Il n'y a peut-être pas, dans toute la *Cenerentola*, dix mesures qui me rappellent les folies aimables ou plutôt dignes d'être aimées, qui accourent de toutes parts à mon imagination quand j'ai le bonheur de rencontrer *Sigillara* ou les *Pretendenti delusi*[1]. Il n'y a peut-être pas dans la *Cenerentola* dix mesures de suite qui ne rappellent l'arrière-boutique de la rue Saint-Denis, ou le gros financier ivre d'or et d'idées prosaïques, qui, dans le monde, me fait déserter un salon lorsqu'il y entre. Ces choses, qui me choquent comme grossières, auraient plu à Paris comme *comiques*, si elles eussent été bien chantées. On peut dire que le public de Paris ne les a pas vues ; autrement ce public, qui encourage par son suffrage la *Marchande de Goujons*, *l'Enfant de Paris* et les *Cuisinières*, eût aussi donné un succès fou à la *Cenerentola*. Cet opéra eût

---

1. L'un des cent opéras de Joseph Mosca.

eu en sa faveur, tout le mécanisme du double vote ; il eût été applaudi et par les amateurs de la musique italienne, et par ceux de la grosse joie des Variétés.

CHAPITRE XXI

VELLUTI

J'AI à faire une communication pénible à la partie la plus bienveillante du public que la présente biographie peut espérer. Il m'en coûte infiniment ; je sens tout ce que je hasarde : plusieurs opinions singulières à Paris, qu'on voulait bien me passer jusqu'ici comme des écarts sans conséquence, vont se changer tout à coup en paradoxes intolérables, peut-être odieux, et surtout amenés sans à-propos. Mais enfin, l'auteur ayant fait le vœu singulier de dire, sur tout, ce qui lui semble la vérité, au risque de déplaire, et au seul public qui puisse le lire, et au grand artiste dont il écrit la vie, il faut bien continuer ainsi qu'on a commencé. Un homme du monde qui est allé deux cents fois en sa vie aux Bouffes, qui commence à ne plus aimer l'Académie royale de musique que pour les ballets, et qui néglige Feydeau, est assurément le lecteur le plus éclairé et le plus bienveillant que je puisse espérer. Cet homme du monde se souvient peut-être d'avoir vu jadis, quand la censure était indulgente, la brillante comédie du *Mariage de Figaro*. Figaro se vante de savoir le fond de la langue anglaise : il sait *goddam*. Eh bien ! puisqu'il faut risquer de me perdre par un seul mot, voilà justement le point où en est un amateur de Paris, à l'égard d'une des parties principales du chant, les *fioriture* ou agréments. Il faudrait que cet amateur eût entendu pendant six mois Velluti ou Davide, pour avoir quelque idée de cette région de la musique, entièrement neuve pour des oreilles parisiennes. En arrivant dans un pays nouveau, après le premier coup d'œil, qui n'est pas sans agréments, on est bien vite choqué du grand nombre de choses étranges et insolites qui vous assiègent de toutes parts. Le voyageur le plus bienveillant et le moins sujet à l'humeur, a grande peine à se défendre de certains mouvements d'impatience. Tel serait l'effet que la délicieuse méthode de Velluti produirait d'abord sur l'amateur de Paris. Je propose à cet amateur d'entendre, le plus tôt qu'il pourra, la romance de l'*Isolina* chantée par Velluti[1].

Une femme jolie, et surtout remarquable

---

1. En septembre 1823, Velluti chante à Livourne l'opéra de Morlachi, intitulé *Tebaldo e Isolina*, où se trouve la célèbre romance.

par une taille superbe, qui se promène à la terrasse des Feuillants, enveloppée dans sa fourrure, par un beau soleil du mois de décembre, est un objet fort agréable aux yeux ; mais si un instant après cette femme entre dans un joli salon garni de fleurs, et où des bouches de chaleur artistement ménagées font régner une température douce et égale, elle quitte sa fourrure et paraît dans toute la fraîcheur brillante d'une toilette de printemps. Faites venir d'Italie la romance de l'*Isolina*, entendez-la chanter par une jolie voix de ténor, vous verrez apparaître la jeune femme de la terrasse des Feuillants, mais vous ne pourrez guère juger que de l'élégance des mouvements et des formes ; la fraîcheur et le fini des contours seront invisibles pour vous. Que ce soit au contraire la délicieuse voix de Velluti qui chante sa romance favorite, vos yeux seront déssillés, et bientôt ravis à la vue des contours délicats dont le charme voluptueux viendra les séduire.

Le ténor a chanté trois mesures ; ce sont des prières adressées par un amant à sa maîtresse irritée. Ce petit morceau finit par un éclat de voix : l'amant, maltraité par ce qu'il aime, implore son pardon au nom du souvenir charmant des premiers temps de leur bonheur. Velluti remplit les deux premières mesures de *fioriture*, exprimant d'abord l'extrême timidité, et bientôt le profond découragement ; il prodigue les gammes descendantes par demi-tons, les *scale trillate*, et part tout à coup à la troisième mesure par un éclat de voix simple, fort, soutenu, et, les jours où il jouit de tous ses moyens, *abandonné*. Il est impossible qu'une femme qui aime résiste à ce cri du cœur.

Ce style peut sembler trop efféminé, et ne pas plaire d'abord ; mais tout amateur français de bonne foi conviendra que cette manière de chanter est pour lui une région inconnue, une *terre étrangère*, dont les chants de Paris ne lui avaient donné aucune idée. Nous avons bien ici des gens qui font des ornements et qui les exécutent avec justesse, mais les sons de cette voix ne sont pas agréables en eux-mêmes et indépendamment de la place qu'ils occupent. Ensuite cette voix est antimusicale, elle met sans cesse ensemble des choses qui ne vont pas à côté l'une de l'autre et qui se nuisent par leur voisinage. Sans se rendre compte du pourquoi, un homme né pour les arts, et qui a fait l'éducation de son oreille par deux cents représentitions des Bouffes, sent confusément que les agréments qu'on lui étale manquent de charme ; sa raison approuve tristement, mais son cœur reste froid. C'est la sensation contraire, accompagnée d'un plaisir croissant tous les jours, qu'il trouvera en entendant Velluti dans les soirées où cet excellent chanteur jouit de la plénitude de ses moyens. Un castrat, attaché à la chapelle de Sa Majesté le roi de Saxe, le célèbre Sassarini, donnait le même plaisir dans des chants d'église. Davide approche de ces sensations délicieuses autant que peut le faire une simple voix de ténor. Je ne nommerai pas ici quelques autres belles voix, qui rappelleraient les sensations angéliques que l'on doit à Velluti, si le hasard avait placé un cœur sensible dans le voisinage de ces gosiers flexibles. Ces belles voix, que le vulgaire admire et auxquelles rien ne manque à ses yeux, exécutent au hasard et souvent fort bien une foule d'agréments de significations, de couleurs, de natures opposées. Supposez Talma agité par un cauchemar pénible, et récitant de suite et pêle-mêle, mais toujours avec son rare talent, deux ou trois vers de ses plus beaux rôles. A quatre vers de fureur d'amour, appartenant à l'Oreste d'*Andromaque*, succèdent deux vers de raisonnements élevés et sublimes, pris dans le rôle de Sévère, de *Polyeucte*; ils sont immédiatement suivis de deux vers peignant un tyran qui contient à peine sa soif pour le sang, et l'on reconnaît Néron. Le vulgaire, qui n'a point d'âme et qui ne comprend rien à tout cela, trouve tous ces vers fort bien déclamés et applaudit. Voilà ce que font la plupart des grands chanteurs, M. Martin par exemple.

Velluti au contraire déclame bien une suite de vers qui appartiennent *tous au même rôle.*

CHAPITRE XXII

LA GAZZA LADRA

CE vrai *drame* noir et plat a été arrangé pour Rossini par M. Gherardini de Milan, d'après le mélodrame du boulevard, qui a pour auteurs MM. Daubigny et Caigniez. Pour comble de disgrâce, il paraît que cette vilaine histoire est fondée sur la réalité : une pauvre servante fut dans le fait pendue jadis à Palaiseau, en mémoire de quoi l'on fonda une messe appelée *la messe de la pie.*

Les Allemands, pour qui ce monde est un problème non résolu, et qui aiment à employer les trente ou quarante ans pour lesquels le hasard les a placés dans cette triste cage, à en compter les barreaux ; les Allemands, qui préfèrent le drame de *Calas*, provenant également de notre boulevard, au *don Carlos* ou au *Guillaume Tell* de Schiller, qui leur semblent trop *classiques ;* les Allemands, qui, en 1823, croient aux revenants et aux miracles du prince de Hohenlohe, seraient ravis du degré de noirceur que la *réalité* ajoute au triste *drame* de la *Pie voleuse*.

Le Français, homme de goût, se dit : Ce monde est si vilain, que c'est porter de l'eau à la mer et se donner le plus triste des rôles, que d'examiner les s***** de celui qui l'a fait ; fuyons la triste réalité. Et il demande aux arts du *beau idéal* qui lui fasse oublier bien vite, et pour le plus longtemps possible, ce monde de bassesses, où

Le grand Ajax est mort, et Thersite respire.
(La Harpe.)

L'Italien, dès qu'il peut être délivré du prêtre qui a tourmenté sa jeunesse, ne s'embarrasse pas de si longs raisonnements ; il ne s'en tirerait jamais, et la police de son pays l'empêche, depuis des siècles, d'apprendre la logique ; il a des passions, il s'y livre en aveugle. Rossini lui fait de belle musique sur un sujet abominable ; il jouit de cette musique sans trop s'arrêter au sujet, et fuirait bien vite comme un *seccatore* le triste critique qui viendrait lui faire voir les défauts de son plaisir. L'Italien n'admet tout au plus qu'une sorte de discussion, celle qui tend à doubler ses plaisirs tout de suite et argent comptant.

La *Gazza ladra* est un des chefs-d'œuvre

de Rossini. Il l'écrivit à Milan en 1817, pour la saison nommée *primavera* (le printemps) [1].

Quatorze ans du despotisme d'un homme de génie avaient fait de Milan, grande ville renommée autrefois pour sa gourmandise, la capitale intellectuelle de l'Italie ; ce public comptait encore dans son sein, en 1817, quatre ou cinq cents hommes d'esprit supérieurs à leur siècle, reste de ceux que Napoléon avait recrutés de Bologne à Novare, et de la Ponteffa à Ancône, pour remplir les emplois de son royaume d'Italie. Ces anciens employés, que la crainte des persécutions et l'amour des capitales retenaient à Milan, n'étaient nullement disposés à reconnaître une supériorité quelconque dans le public de Naples. On arriva donc à la *Scala*, le soir de la première représentation de la *Gazza ladra*, avec la bonne intention de siffler l'auteur du *Barbier*, d'*Elisabeth* et d'*Otello*, pour peu que sa musique déplût. Rossini n'ignorait pas cette disposition défavorable, et il avait grand'peur.

Le succès fut tellement fou, la pièce fit une telle *fureur*, car j'ai besoin ici de toute l'énergie de la langue italienne, qu'à

---

1. Cette *stagione* commence le 10 avril ; la *stagione* du carnaval, le 26 décembre, seconde fête de Noël ; et celle de l'automne, le 15 août.

chaque instant le public, en masse, se levait debout pour couvrir Rossini d'acclamations. Cet homme aimable racontait le soir, au café de l'*Académie*, qu'indépendamment de la joie du succès, il était abîmé de fatigue pour les centaines de révérences qu'il avait été obligé de faire au public, qui, à tous moments, interrompait le spectacle par des *bravo maestro ! e viva Rossini !*

Le succès fut donc immense, et l'on peut dire que jamais maestro n'a mieux rempli son objet. Les applaudissements étaient d'autant plus flatteurs que, comme je l'ai déjà dit, ce public, en 1817, était encore composé de l'élite des gens d'esprit de toute la Lombardie. Aussi est-ce à cette époque que Milan a été illustré par les chefs-d'œuvre de Vigano. Ce beau moment s'est terminé vers 1820, par les arrestations et le carbonarisme.

J'étais à la première représentation de la *Gazza ladra*. C'est un des succès les plus unanimes et les plus brillants que j'aie jamais vus, et il se soutint pendant près de trois mois au même degré d'enthousiasme. Rossini fut heureux en acteurs ; Galli avait alors la plus belle voix de basse d'Italie, la voix la plus forte et la plus accentuée ; il joua le rôle du soldat d'une manière digne de Kean ou de De' Marini. Madame Belloc chanta celui de la pauvre *Ninetta* avec sa voix magnifique et pure qui semble rajeunir tous les ans ; elle jouait ce rôle facile avec infiniment d'esprit. Je me souviens qu'elle l'ennoblissait beaucoup ; ce n'était pas tant une servante vulgaire que la fille d'un brave soldat que les malheurs de son père ont forcée à chercher de l'emploi. Monelli, ténor agréable, faisait le jeune soldat *Giannetto* qui revient à la maison paternelle ; et Boticelli, le vieux paysan *Fabrizio Vingradito*, rôle si bien joué à Paris par Barilli. Ambrosi, avec sa voix superbe et son jeu tout d'une pièce, représentait fort bien le méchant *Podestà;* enfin, les grâces de mademoiselle Galianis, dans le rôle de *Pippo*, étaient inimitables et donnaient un effet charmant au duetto du second acte entre *Pippo* et *Ninetta*. Tous les acteurs cherchaient comme de concert à ennoblir la pièce. Madame Fodor, au contraire, l'a rendue bien vulgaire.

Que dire de l'ouverture de la *Gazza ladra ?* A qui cette symphonie si pittoresque n'est-elle pas présente ?

L'introduction du tambour comme partie principale lui donne une réalité, si j'ose m'exprimer ainsi, dont je n'ai trouvé la sensation dans aucune autre musique[1], il est comme impossible de ne pas faire attention à celle-ci. Il me le serait également de rendre les transports et la folie du parterre de Milan à l'apparition de ce chef-d'œuvre. Après avoir applaudi à outrance, crié et fait tout le tapage imaginable pendant cinq minutes, quand la force nécessaire pour crier n'exista plus, je remarquai que chacun parlait à son voisin, chose fort contraire à la méfiance italienne. Les gens les plus froids et les plus âgés s'écriaient dans les loges : *O bello! o bello!* et ce mot était répété vingt fois de suite : on ne l'adressait à personne, une telle répétition eût été ridicule ; on avait perdu toute idée d'avoir des voisins, chacun se parlait à soi-même. Ces transports avaient toute la vivacité, tout le charme d'un raccommodement. La vanité du public se rappelait le *Turco in Italia*. Je ne sais si le lecteur se rappelle aussi que cet opéra avait été sifflé comme manquant de nouveauté. Rossini désira réparer cet échec, et ses amis furent flattés qu'il eût bien voulu faire quelque chose de si nouveau pour eux. Cette situation morale du maestro rend fort bien compte du tambour et du tapage un peu allemand de l'ouverture ; Rossini avait besoin de

---

[1]. Voir les dissertations imprimées à Berlin sur cette ouverture en 1819.

frapper fort dès le début. On n'eut pas entendu vingt mesures de cette belle symphonie, que la réconciliation fut faite ; on n'était pas à la fin du premier *presto*, que le public sembla fou de plaisir, tout le monde accompagnait l'orchestre. Dès lors l'opéra et le succès ne furent plus qu'une scène d'enthousiasme. A chaque morceau il fallait que Rossini se levât plusieurs fois de sa place au piano pour saluer le public ; et il parut plus tôt las de saluer que le public d'applaudir.

Cette ouverture, qui commence par le retour du jeune soldat couvert de gloire dans sa famille champêtre, prend bientôt le caractère triste des événements qui vont suivre ; mais c'est une tristesse pleine de vivacité et de feu, une tristesse de jeunes gens ; les héros de la pièce sont jeunes en effet. L'introduction est brillante de verve et de feu; elle me rappelle les belles symphonies de *Haydn* et l'excès de force qui distingue ce compositeur. L'attention est appelée sur la *Pie* avec tout l'esprit possible :

Brutta gazza maladetta
Che ti colga la saetta !

Je trouve ici, dès la première mesure, une certaine énergie rustique, une teinte champêtre, et surtout une absence totale de la finesse des villes, qui, par exemple, donne à cette introduction une couleur tout à fait différente de celle du *Barbier*. Je me figure que la musique à Washington ou à Cincinnati, si elle était nationale et non copiée, offrirait cette absence complète de recherche et d'élégance [1].

Cette nuance d'énergie rustique s'étend sur tout le premier acte. L'humeur revêche de la fermière Lucie, ou plutôt les tristes effets que va produire ce défaut de caractère, sont annoncés par un morceau extrêmement imposant :

Marmotte, che fate ?

On sent à l'instant la présence d'un grand talent. Il y a absence de détails, et développement parfait d'une grande idée. On voit que l'auteur a eu le courage de braver la peur d'ennuyer, et de négliger les petites phrases amusantes ; de là le grandiose [2].

1. Ce commencement du premier acte a le caractère des Poésies de Crabbe, quelquefois l'énergie des Ballades de Burns.
2. C'est le même principe que pour les tableaux du Corrège et les marbres antiques. Il y a une description du *beau* qui convient à tous les arts, depuis un duetto bouffe jusqu'à l'architecture de l'intérieur d'une prison. Des pilastres grecs dans une prison consolent.

La réponse à Lucie qui demande où est son mari,

Tuo marito ?

le petit air du bonhomme Fabrice qui arrive de la cave la bouteille à la main, tout cela est éminemment gai, rustique, plein de force, et rappelle de plus en plus le style de Haydn. C'est encore la pie qui est chargée d'annoncer au spectateur l'amour du jeune soldat ; sa mère dit :

Egli dee sposar...

la pie l'interrompt par le cri

Ninetta ! Ninetta !

Il y a un feu étonnant dans le *tutti* : *Noi l'udremo narrar con diletto*. J'observerai toutefois que la joie vive et le *brio* (l'entraînement) sont d'autant moins difficiles à produire, que l'on ne cherche pas à conserver l'air distingué et noble. Il y a ici deux jolis vers bien militaires :

Or d'orgoglio brillar lo vedremo,
Or di bella pietà sospirar.

La cavatine de Ninette

Di piacer mi balza il cor,

est, comme l'ouverture, une des plus belles inspirations de Rossini : qui ne la connaît pas ? C'est bien la joie vive et franche d'une jeune paysanne. Jamais peut-être Rossini n'a été plus brillant et en même temps plus dramatique, plus vrai, plus fidèle aux paroles. Cet air est de la force de Cimarosa, et a une vivacité de début assez rare chez Cimarosa.

Peut-être pourrait-on blâmer la cantilène, comme un peu vulgaire et rustique. Remarquez que dès que Rossini veut être expressif, il est obligé d'en revenir au chant périodique. La phrase *di piacere* a huit mesures, chose rare chez ce maître [1]. Il y a une nuance touchante introduite avec un art infini ; c'est dans

Dio d'amor, confido in te,

avant la reprise. On oublie la gaucherie des paroles *Dieu d'amour* dans la bouche d'une jeune paysanne. Apparemment que l'auteur est un *classique*. Madame Fodor a chanté cette cavatine à Paris, avec une voix au-dessus de tous les éloges, mais la sensibilité et l'accent répondaient peu

---

1. Si l'on supprime une mesure de la première phrase que chante Ninette, on sent qu'il manque quelque chose ; ce qui n'a guère lieu chez Rossini que dans les mouvements de valse, du moins dans les opéras de sa *seconde manière*.

à la beauté de la voix. A la manière de tous les artistes qui ne brillent pas par la sensibilité et le foyer intérieur, comme disent les peintres, madame Fodor ne pouvant pas faire cette cavatine *belle*, elle la faisait *riche*. Elle accablait de roulades et d'ornements supérieurement exécutés, les inspirations du maestro, et parvenait à les faire oublier. Voilà un joli triomphe ! Rossini, s'il l'avait entendue, lui aurait répété ce qu'il dit au célèbre Velluti, lors de la première représentation de l'*Aureliano in Palmira* (Milan 1814) : *Non conosco più le mie arie.* Je ne reconnais plus ma musique.

L'expression dramatique vive et franche, et pourtant parfaitement belle, est assez rare chez Rossini pour qu'on la respecte. La première phrase de

Di piacer mi balza il cor,

doit être donnée absolument sans ornements et sans roulades ; il faut les réserver pour la fin de l'air, où Ninette semble réfléchir sur l'excès de son bonheur. Les *fioriture* gaies et brillantes sont fort bien placées sur

Ah ! gia dimentico
I miei tormenti.

paroles que la jolie petite Cinti dit d'une manière séduisante.

A Milan, cette nuance, comme toutes les autres, fut fort bien saisie par madame Belloc. Je craindrais de fatiguer le lecteur si je lui parlais encore des transports du public, à l'apparition de cet air si simple, si naturel, si facile à comprendre. C'est le sublime du génie champêtre. Il est fâcheux que la scène ne soit pas en Suisse ; cet air conviendrait à *Lisbeth*[1]. Les spectateurs du parterre étaient montés sur les banquettes ; ils firent répéter l'air de madame Belloc et l'écoutèrent debout ; leurs cris redemandaient cette cavatine une troisième fois, lorsque Rossini dit de sa place au piano, aux spectateurs des premières files du parterre : « Le rôle de Ninette est fort « chargé de musique ; madame Belloc sera « hors d'état d'arriver à la fin, si vous « la traitez ainsi. » Cette raison, qui fut répétée et discutée au parterre, produisit enfin son effet après une interruption d'un quart d'heure. Tous mes voisins discutaient entre eux avec feu et franchise, comme d'anciennes connaissances. Je n'ai

---

[1]. Opéra célèbre en France il y a vingt ans ; c'est le sujet si beau d'une fille-mère, abandonnée par son amant. Comparez l'air de Rossini avec *la Famille suisse de Weigell*, chef-d'œuvre de simplicité allemande qui parut trop simple au public de Milan en 1819.

jamais revu une telle imprudence en Italie. Un espion peut prendre prétexte d'une telle conversation pour paraître lié avec vous et vous dénoncer ensuite avec succès.

Après cette cavatine, qui respire la joie et la fraîcheur des forêts nous sommes ramenés à ce que la civilisation a de plus ignoble, par l'air du juif ; il me rappelle toujours les juifs de Pologne, la plus abominable race de l'univers [1] : cet air est pourtant fort bien. A force d'esprit, Rossini a fait supporter ce qu'il a de ressemblant à la réalité. Je trouve une richesse musicale incroyable, une abondance infinie, une *luxuriancy* de génie, comme diraient les Anglais, dans le chœur qui annonce le retour de Giannetto :

Bravo ! bravo ! ben tornato !

L'air de ce jeune soldat qui, après s'être couvert de gloire à l'armée, arrive dans son village, où le journal a donné de ses nouvelles, est faible et plat, et de plus déplacé. Le jeune soldat aborde sans

---

1. Je vois les juifs de Pologne comme les voleurs d'un autre genre de *Fondi*, au royaume de Naples ; la faute, l'unique faute est aux gouvernements dont l'imprévoyance crée de tels êtres. Les juifs français, depuis Napoléon, sont comme les autres citoyens, seulement un peu plus avares.

façon sa maîtresse, et laisse seuls, dans le fond de la scène, son père, sa mère, et tout le village, qui le regardent parler d'amour : cette charmante passion a tout perdu si on lui ôte la pudeur.

> Anco al nemico in faccia,

est assez bien, quoique fat. Il y a une joie douce et tendre, le contraire du feu et de la passion folle et française qui était nécessaire ici, dans

> Ma quel piacer che adesso,

et surtout dans la ritournelle qui annonce ce vers. Ici Rossini aurait grand besoin de trouver, dans son chanteur, le feu, la passion et l'accent du cœur, qui manquent à sa partition. Il faudrait que madame Pasta pût se charger de ce rôle, et de tous les rôles passionnés de ce maître ; elle leur rendrait le même service qu'à Tancrède.

Avec les paroles,

> No, non m'inganno,

que Galli prononce en descendant la colline, la tragédie paraît, et la gaieté s'évanouit pour toujours.

Lorsque Rossini fit la *Gazza ladra*, il était brouillé avec Galli, son rival heureux auprès de la M***. Or, il faut savoir que Galli, au milieu d'une très-belle voix, a deux ou trois notes qu'il ne prend justes que lorsqu'il ne fait que passer, mais qu'il donne à faux lorsqu'il est obligé de s'y arrêter. Rossini ne manqua pas de lui faire un récitatif (celui dans lequel il raconte à sa fille sa dispute avec son capitaine) dans lequel il est forcé de s'arrêter précisément sur ces notes, qu'il ne peut donner justes. Il y a bien paru à Paris, lorsque Galli disait :

Sciagurato
Ei grida ; e colla spada
Già, già, m'è sopra[1].

Galli, sûr partout ailleurs de sa magnifique voix, se piqua, et ne voulut pas changer ces notes à la représentation ; rien n'était cependant plus simple. Cette obstination lui a fait manquer cette entrée à Rome, à Naples, à Paris ; et le goût sévère et un peu froid de cette capitale s'accommodant mieux de l'absence de toute faute[2] que de la présence de beautés

---

1. Malheureux ! s'écrie le capitaine, et il se jette sur moi l'épée à la main.
2. *Magis sine vitiis quam cum virtutibus.* Un talent calculé pour les Parisiens de 1810, c'était celui de madame Barilli. Le public de Louvois a fait depuis des progrès immenses, ce qui ne veut point dire que l'excellente Barilli

sublimes obscurcies par quelques imperfections, le succès de Galli n'a jamais été d'enthousiasme comme il aurait dû l'être.

Galli s'est raidi contre les *chut* du public, il n'a pas voulu changer dix notes ; et la timidité faisant effet sur son organe, en dépit de ses efforts, ce début d'un si beau rôle a toujours été gâté par trois ou quatre sons hasardés. A Naples, ce récitatif était le triomphe de Nozzari, qui le détaillait d'une manière inimitable.

Galli est à la hauteur de la plus belle tragédie dès la fin de ce morceau :

> Amico mio,
> Ei disse, e dir non piu poteva : Addio !

Il est absurde que Galli, qui fuit son régiment où il a été condamné à mort, paraisse avec son habit de soldat à peine caché sous un grand manteau ; c'est un moyen certain de se faire arrêter comme déserteur par le premier maire de village. Ceci est une question de *mise en scène*, art qui tient à la peinture. Si Galli paraissait couvert de haillons, comme dit le libretto,

> Il prode Ernesto
> Di questi cenci mi coperse,

n'eût encore aujourd'hui un fort beau succès. Quatre ou cinq cents personnes de Paris ont fait l'éducation de leur oreille, et sont d'aussi bons juges que les dix mille spectateurs qui fréquentent les théâtres de San-Carlo ou de la Scala.

peut-être le rôle prendrait-il une teinte ignoble ; il faut parler aux yeux à l'Opéra. Dans la nature, Galli, condamné à mort et retrouvant sa fille, lui eût adressé deux ou trois mille paroles ; la musique en choisit une centaine, et leur fait exprimer le sentiment qui paraîtrait dans les trois mille. On sent bien qu'elle doit écarter d'abord toutes les paroles qui expriment des détails ; donc il faut parler aux yeux.

Le duetto qui suit le récitatif chanté par Galli,

> Come frenar il pianto ?

est un chef-d'œuvre dans le style magnifique[1]. Le petit morceau d'orchestre qui vient après :

> È certo il mio periglio ;
> Solo un eterno esiglio,
> O Dio ! mi può salvar[2].

---

[1]. Plus pompeux que touchant. Le style de Paul Véronèse ou de Buffon. Ce style est le *sublime* des cœurs froids. Il fait beaucoup d'effet en province.
L'harmonie du commencement de ce duetto rappelle l'introduction du *Barbier*. On adresse le même reproche à quelques parties du *finale* du premier acte. Il y a des ressemblances entre l'air *Mi manca la voce* de *Mosè* et le quintetto
Un Padre, una figlia.
On dit que le morceau qui suit la condamnation de Ninette rappelle un chœur de la Vestale : *Détachez ces bandeaux*.
[2]. Il ne fallait pas faire un soldat français si tremblant *en paroles*. L'auteur du libretto n'a pas songé à la vanité

produit un tremblement physique. Il y a un petit trait bien touchant après

> Più barbaro dolor.

Vers la fin de la reprise du duetto,

> Tremendo destino

est terrible. Il y a un peu de *beau idéal*, faisant repos par distraction du malheur, dans la ritournelle de la fin.

La cavatine du podestat,

> Il mio piano è preparato,

est un morceau brillant pour une belle voix de basse. Ambrosi le chanta à Milan avec une énergie et une force qui avaient le défaut de tenir les yeux du spectateur fixés désagréablement sur le caractère atroce du podestat. Pellegrini, à Paris, sert beaucoup mieux les intérêts de la pièce, en déployant dans cette cavatine une grâce infinie et toute la légèreté de sa charmante voix. Ce morceau est d'ailleurs beaucoup trop long.

La lecture du signalement du déserteur, confiée à Ninetta par le podestat, qui a

---

du pays où il place la scène de son ouvrage ; il a peint un malheureux avec vérité. Voilà la grossièreté que les connaisseurs français reprochent aux personnages du Guerchin.

perdu ses lunettes, est une scène qui a tout l'intérêt pressant et cruel du drame ; c'est du malheur nullement adouci par le *beau idéal* : voilà ce qu'on aime en Allemagne. Ce moment est vif, mais il tue la gaieté pour toujours.

Le terzetto qui suit :

> Respiro—partite,

est sublime ; c'est dès le début que se trouve l'admirable prière :

> Oh ! nume benefico !

Winter venait de donner à Milan un *Mahomet* (c'est la tragédie de Voltaire) où se trouvait une prière magnifique formée par les voix réunies de *Zopire*, au fond du temple, qui prie, et de ses deux enfants, sur le devant de la scène, qui viennent lui donner la mort. Rossini ne manqua pas de demander une prière à l'auteur du libretto, et l'écrivit *con impegno*.

Le podestat ayant vu partir le soldat et se croyant seul, dit à Ninette :

> Siamo soli. Amor seconda
> Le mie fiamme, i voti miei.
> Ah ! se barbara non sei,
> Fammi a parte nel tuo cor[1].

1. « Nous voici seuls : amour seconde ma flamme et mes vœux. Belle Ninette, si vous n'êtes pas barbare, daignez m'accorder une place dans votre cœur. »

Voilà du superbe style tragique, en musique s'entend. Ce terzetto est au-dessus de tous les éloges : il établit à jamais la supériorité de Rossini sur tous les compositeurs ses contemporains.

La rentrée de Fernand a tout le feu possible :

> Freme il nembo...
> Uom maturo e magistrato,
> Vi dovreste vergognar.

Il y a toujours beaucoup plus de force et d'énergie que d'élégance et de sensibilité noble, et l'orchestre est bien bruyant :

> No so quel che farei,
> Smanio, deliro e fremo,

est un volcan. Ici, la rapidité naturelle du style de Rossini semble encore augmenter son feu incroyable : ce terzetto est une des plus belles choses que ce *maestro* ait jamais écrites dans sa seconde manière (le style fort). Les groupes en sont disposés avec un art infini ; il y a une qualité bien rare dans les plus beaux morceaux connus, c'est une *progression* étonnante. On se sent, en quelque sorte, plus avancé à la fin du terzetto qu'au commencement.

C'est après cette scène qu'on voit la pie voler à travers le théâtre ; elle enlève la cuiller fatale. Le moment est bien choisi ; le spectateur est trop ému pour prendre ce vol du côté plaisant, et, comme on ne s'y attend pas, personne n'a le temps d'examiner comment il s'opère. Après le grand morceau tragique, dont nous venons de donner une analyse si imparfaite, la musique reprend toute la légèreté, toute la gaieté possible, et même une élégance qu'elle n'a pas eue jusqu'ici ; et tout cela pour le procès-verbal de l'interrogatoire de la pauvre Ninetta :

In casa di messere...

Ce morceau est délicieux ; il me semble qu'aucun *maestro* vivant ne pourrait en faire un semblable. La cantilène la plus charmante que l'art puisse produire est justement appliquée à la parole la plus infâme de l'interrogatoire. Quand le jeune militaire fait observer, avec beaucoup de raison, que l'objet qu'on cherche a été

Rapito ! no, smarrito
(Volé ! non, égaré),

le podestat répond avec une grâce parfaite :

Vuol dir lo stesso.
(Qu'importe? ces mots n'ont-ils pas le même sens?)

Il est vrai que cette admirable légèreté, que ce badinage aimable et tout à fait monarchique, s'est rencontré plusieurs fois, en ces derniers temps, chez des juges, gens du monde, qui envoyaient à la mort les ennemis du pouvoir en se jouant, ou plutôt sans interrompre les jeux d'une vie aimable et insouciante. La musique de Rossini serait parfaitement à sa place dans une comédie intitulée *Charles II*[1] ou *Henri III*, et où le poëte aurait emprunté, pour représenter les moments prospères du règne de ces princes, le génie qui inspira *Pinto* à M. Lemercier. J'ai eu besoin de m'arrêter un instant pour faire sentir à un lecteur né dans des pays où la justice est digne de tous nos respects, comme chacun sait, que Rossini, né en Romagne et accoutumé aux juges nommés par des prêtres, a été peintre fidèle dans tout le rôle du podestat de la *Gazza ladra*. En plaçant tant de gaieté, d'insouciance et de légèreté dans l'interrogatoire de Ninetta, il a eu égard au caractère principal, qui est le juge, vieux scélérat goguenard et libertin, et au dénoûment de son opéra, qu'il savait bien devoir être *di lieto fine* comme ceux de Métastase. J'ai entendu

---

1. Voir les admirables Mémoires de mistress Hutchinson, et les procès de Sidney et de tant d'autres. Voir certains détails de procès criminels dans Voltaire. Voir....

Rossini repousser très gaiement les critiques qu'on faisait de son podestat, à Milan, lieu où Napoléon avait fait apparaître quelque décence dans la justice (1797 à 1814). « Le jeune militaire, « quoique Français, est un nigaud, disait « Rossini ; à sa place, moi qui n'ai pas fait « de campagnes ni enlevé de drapeau, je « me serais écrié, voyant ma maîtresse « accusée : C'est moi qui ai pris la fatale « cuiller ! Dans le libretto qu'on m'a « donné, Ninetta, confondue par des appa- « rences accablantes, ne sait que répondre ; « Giannetto est un sot : le personnage « principal de mon *finale* est donc le juge, « lequel est un coquin nullement triste, « et qui, d'ailleurs, n'a aucune idée de « perdre Ninetta ; il ne songe, pendant « tout le temps de l'interrogatoire, qu'à « lui vendre sa grâce, et au prix qu'il en « obtiendra[1]. » Rossini n'ajoutait pas, car il est fort prudent et se souvient de la mort de Cimarosa : Allez voir dans mon pays, à Ferrare, à Rimini, les jugements que l'on y rend tous les jours. Avisez-vous d'avoir un procès et d'être accusé d'avoir mangé un poulet le vendredi, un an ou deux auparavant. Les Prêtres envoient dans

---

1. Il Podestà — Ora è mia, son contento,
Ah ! sei giunto, felice momento,
Lo spavento piegar la farà.

les jardins des palazzi voir si l'on jette des os de poulet le vendredi. La femme de chambre de la maison n'a pas l'absolution à Pâques si elle ne dénonce les os des poulets mangés en cachette : or, une femme de chambre, à Imola ou à Pesaro, qui ne fait pas ses pâques est une fille perdue. Qu'on se figure, dans une ville de vingt mille âmes comme Ferrare, un préfet, sept à huit sous-préfets, une douzaine de commissaires de police, n'ayant autre chose à faire au monde que de savoir si monsieur un tel mange un poulet le vendredi ! Le légat, ses secrétaires et ses agents secrets, dont j'ai ci-dessus traduit les titres en dénominations françaises, sont prêtres. Ils ont l'administration ; mais ils sont contre carrés en tout et haïs à la mort par l'autorité ecclésiastique, l'archevêque, ses grands-vicaires, les chanoines, etc., ennemis jurés des autorités administratives, et les dénonçant sans cesse à Rome comme inclinant au relâchement. Ces dénonciations peuvent empêcher le légat de devenir cardinal à la première promotion. Or, tous ces grands intérêts, toutes ces rivalités, tous les conseils de la prudence, peuvent être satisfaits en dénonçant le pauvre diable de bourgeois de Ferrare qui a cédé à la tentation de manger un poulet le vendredi. Je pourrais ajouter vingt pages de détails, mon seul embarras serait d'affaiblir les couleurs, de diminuer la vérité ; je ne veux pas tomber dans l'odieux, ce serait la pire des chutes pour un livre frivole[1]. Le résultat de toutes les anecdotes que je pourrais raconter sur la Romagne serait toujours que Rossini, en donnant tant de gaieté et de légèreté à son *podestà libertin*, n'a nullement songé à faire une épigramme abominable et à la Juvénal. En général, c'est très peu la coutume en Italie que de s'indigner par écrit des friponneries ; cela rend triste, cela est de mauvais ton ; d'ailleurs c'est un lieu commun.

Le caractère tranquille du pitoyable amant de Ninetta apparaît bien dans le chant :

> Tu dunque sei rea !
> (Ed io la credea
> L'istessa onestà.)

Toute la niaiserie que le cœur sensible des habitants de la rue Saint-Denis passe à leur cher mélodrame éclate lorsque Ninetta se laisse confondre,

> Non, v' è più speme,

---

[1]. Si l'on attaque les bases de mon raisonnement, je pourrai publier quelques anecdotes dont je me borne maintenant à donner la morale ; et tout cela se passait sous le ministère modéré de M. le cardinal Consalvi. Voir Laorens: *Tableau de Rome;* Simond, Gorani.

parce que le juif déclare qu'il y avait sur la pièce d'argenterie à lui vendue un F et un V, elle qui vient de dire que son père s'appelle Ferdinand Villabella, d'où le podestat a conclu naturellement que ce père était l'homme qui se trouvait avec elle et pour lequel elle a lu un faux signalement. Ninetta se garde bien de jouer au poëte le mauvais tour de dire tout simplement : Ce couvert m'a été remis par mon père, et les lettres F V forment son chiffre. La pauvre fille aime mieux mourir. Le malheur de ce libretto, c'est que tous les personnages y sont des êtres communs. Ce défaut ne se trouve jamais dans les opéras allemands : il y a toujours quelque chose pour l'imagination.

Ce *finale* est plein de mouvement, d'entrées et de sorties auxquelles le spectateur prend un vif intérêt. Il y a beaucoup d'*a solo* et de petits morceaux d'ensemble fort attachants. Il est impossible de mieux disposer les groupes d'un grand tableau. Les paroles ne sont pas mal : je voudrais que ce fût le contraire, que la situation fût belle et naturelle, et les paroles fort ridicules, car qui fait attention aux paroles ? A Naples, on trouvait des longueurs dans ce *finale;* je l'ai vu admiré par le caractère plus tranquille des Milanais. Pour mon compte, je me range à l'avis des bons

Milanais. L'expression est vive, forte, naturelle, mais toujours rustique, à l'exception de quelques mesures délicieuses au commencement de l'interrogatoire. Ce premier acte me rappelle à chaque instant le genre de gaieté que Haydn a mis dans le morceau de l'automne de ses *Quatre Saisons*, lorsqu'il veut peindre la gaieté des vendanges.

Mozart eût rendu ce *finale* atroce et tout à fait insupportable, en prenant les paroles au tragique ; son âme tendre n'eût pas manqué de se ranger du parti de Ninetta et de l'humanité, au lieu de songer au podestat et à ses projets plus libertins que sanguinaires, lesquels sont clairement indiqués par ses derniers mots en quittant la scène :

<blockquote>
Ah, la gioja mi brilla nel seno !
Più non perdo si dolce tesor [1].
</blockquote>

---

[1]. Le caractère du podestat a été peint avec esprit et énergie par Duclos, dans le roman de la *Baronne de Luz*. Le juge libertin de Duclos s'appelle Thuring ; celui de la *Gazza ladra* doit être joué avec une teinte de bouffonnerie chargée, qu'aucun chanteur italien n'ose hasarder devant un public sévère et hautain, qui n'entend pas la plaisanterie. Il faut faire ressortir la qualité de goguenard,

CHAPITRE XXIII

SUITE DE LA GAZZA LADRA

SECOND ACTE

Toutes les figures que vous rencontrez dans la rue présentent, à Paris, l'image amusante de quelque petite nuance de passion, ordinairement l'égoïsme affairé chez les hommes de quarante ans, l'affectation de *l'air militaire* chez les jeunes gens ; chez les femmes, le désir de plaire, ou au moins de vous indiquer à quelle classe de la société elles appartiennent. Jamais l'expression directe de l'ennui, ce serait un ridicule à Paris, l'ennui ne s'y voit que sur les figures d'étrangers ou de nouveaux débarqués, où il alterne avec la mauvaise humeur ; enfin jamais, au grand jamais, les passions sombres. En Italie, souvent et trop souvent l'ennui par *manque de sensations*, quelquefois une joie tenant de la folie, assez fréquemment les passions sombres et profondes. Le Français de Paris apporte au spectacle une âme déjà usée, durant la journée, par mille nuances de passion ; l'Italien de Parme ou de Ferrare, une âme vierge que rien n'a émue de toute la journée, et en outre une âme susceptible des sentiments les plus violents. L'Italien, dans la rue, méprise les passants ou ne les voit pas ; le Français veut leur estime.

On ne peut pas dépenser son bien de deux manières. Le Parisien, dès l'instant qu'il sort le matin, trouve cent affaires et cent petites émotions. Depuis la chute de Napoléon, rien ne trouble la tranquillité de mort de la petite ville d'Italie ; tout au plus, tous les six mois, quelque arrestation de carbonaro. Voilà, ce me semble, la raison philosophique des succès fous que l'on voit si souvent au delà des Alpes, et jamais en France. Non-seulement il y a plus de feu dans les âmes, mais encore ce feu y est accumulé par l'économie. En France, nous avons dix plaisirs d'espèces différentes pour amuser nos soirées ; en Italie, un seul, la musique. Un succès fou au théâtre c'est chez le public de Paris la curiosité de porter un jugement sur une pièce dont on va parler pendant un mois ; on y court pour la juger et non pour avoir des transports et des larmes[1].

Ce sont, au contraire, des larmes et des

---

[1]. Le plaisir *dramatique* ne se voit plus que chez le peuple, à la Porte-Saint-Martin, à la Gaieté, etc.

transports qu'il y avait chez les bons Milanais après le *finale* du premier acte de la *Gazza*. Ils pensaient beaucoup à leur plaisir et à leur émotion, et fort peu à la gloire qui en pourrait revenir à Rossini. Le commencement du second acte parut un peu pâle. Le rôle de Pippo était cependant joué par mademoiselle Gallianis, jeune actrice de la figure la plus noble et dont la jolie voix de contr'alto rendit fort bien le duetto

> Ebben, per mia memoria,
> Lo serberai tu stesso,

que Pippo vient chanter dans la prison avec Ninetta.

> Fin che mi batte il cor,.....
> Vedo in quegli occhi il pianto,

sont des passages touchants ; mais on remarque avec peine certaines *batteries* fort déplacées, vers la fin du duetto ; elles font souvenir du métier dans un moment où le spectateur ne voudrait que jouir de sa douleur. Ce duetto me rappelle toujours les gens peu sensibles, qui tombent dans l'air pleureur, quand absolument ils veulent être tristes, et que l'occasion le requiert.

En entendant mademoiselle Stephens, à Londres, je pensais que Rossini aurait dû écrire ce morceau dans le genre de la musique vocale anglaise. Cette musique abjure presque tout à fait l'empire de la mesure ; elle ressemble à des sons de cor entendus de fort loin pendant la nuit, et dont on perd souvent quelques notes intermédiaires : rien de plus touchant, et surtout rien de plus opposé à tout le reste de la musique de la *Gazza ladra*.

L'air du podestat et surtout le chœur qui le termine, auraient fait la réputation d'un compositeur moins riche que Rossini. Il n'en est pas de même du duetto de Gianetto :

Forse un di conoscereté.

On dirait, à la vulgarité qui paraît dans quelques cantilènes que Rossini a voulu tout à fait se transformer en compositeur allemand et écrire comme Weigl ou Winter. Aussi est-ce en Allemagne que la *Gazza* réussit le plus ; ses défauts sont invisibles à Darmstadt et peut-être des qualités, tandis qu'on méprise *Tancrède* comme de petite musique. Il faut frapper fort ces bons Allemands. L'arrivée du soldat vient rendre à ce deuxième acte le feu sombre qui anime le premier. Galli joue toute cette fin du drame mieux que de' Marini ou

Iffland. Nous n'avons aucun acteur en France qui approche de ce genre de talent ; Talma lui-même est bien médiocre dans *Falkland* et dans le *Meinau* de *Misanthropie et Repentir.*

L'air de Galli,

> Oh colpo impensato !

est assez commun. Rossini, voyant Galli avoir peu de succès à Naples, se réconcilia avec cet ancien rival, et lui fit cet air tout à fait écrit dans ses cordes.

Le commencement du récitatif :

> Che vuol dire quel pianto ?

est bien. Il y a du sentiment tragique et sombre dans

> M'investe, m'assale.

Nous sommes attendris par un rayon de *beau idéal* sur

> Per te, dolce figlia ;

mais *perche amica spemè?* est détestable ; c'est du mauvais Rossini, des agréments de concert au lieu de pathétique, et, pour comble de misère, des agréments qui ne sont que des réminiscences d'opéra buffa[1].

L'air finit par de beaux accents tragiques sur

Scoperto, avvilito,
Proscritto, inseguito.

Zuchelli chante cet air d'une manière admirable ; c'est bien là le désespoir d'une âme tendre. Le public n'a pas encore été *averti* du mérite de ce chanteur.

A la manière dont Rossini a écrit, pour Galli, cet air de réconciliation, je croirais qu'il boudait encore. Les savants remarquent, comme une chose nouvelle, que vers la fin l'orchestre va beaucoup plus haut[2] que le chant et cependant ne le couvre pas ; on sent à tous moments, en voyant célébrer comme des nouveautés des choses aussi simples, que la science de la musique est encore au berceau.

Le chœur des juges,

Tremate, o popoli,

est superbe. Voilà le triomphe du style magnifique, *la terreur*[3]. Ce chœur est

1. Exemple frappant du défaut de Rossini dans sa *seconde manière;* il écrit un air avec les *agréments* que son chanteur exécute avec facilité.
2. Artifice fréquent chez Rossini, et au moyen duquel l'accompagnement, quoique fort surchargé, ne couvre pas la voix. Mozart n'a pas su éviter cet inconvénient en mille endroits, et, par exemple, dans l'air : *Batti, batti, o bel Mazetto* de *Don Juan.*
3. Les gens communs sont accessibles à cette passion, Voir les phrases de Bossuet. En 1520 pour un homme qui

tellement imposant, que je n'ai jamais vu rire à Louvois, à l'aspect de tout un tribunal de première instance, la toque en tête, qui se met à chanter. On dit que ce morceau ressemble un peu à un chœur de l'*Orfeo* de Gluck ; je le croirais plutôt imité de Haydn, s'il est imité.

L'arrivée de Ninetta, la lecture de la sentence de mort, sont des moments terribles que je ne chercherai pas à rappeler au lecteur ; heureux si je pouvais terminer ici l'analyse de la *Gazza ladra*, mais je serais trop injuste envers Rossini.

>   Gia d'intorno
> *Ulular* la morte ascolto,

glace le sang, surtout le mot *ulular ;* c'est à faire trouver mal les gens nerveux. L'entrée de Galli est sublime

> O là ! fermate.

A l'exception de mademoiselle Mars, la scène française ne nous a rien offert de comparable depuis Monvel. En Italie, j'ai vu à *de' Marini*, et surtout à la *Pallerini*, des moments au moins aussi beaux. Iffland, à Berlin, en 1807, avait une ou deux entrées comparables à celles de Galli.

goûtait Raphaël, il y en avait cent à qui Michel-Ange faisait peur. Canova n'eût joui d'aucun succès en 1520.

Dans les situations extrêmes, il n'y a plus lieu à cantilène, le récitatif suffit. Les paroles suivantes de Galli sont une preuve de cette vérité singulière et si contraire aux théories vulgaires :

> Son vostro prigioniero,
> Il capo mio troncate[1].

[1] « Faites tomber ma tête, je suis votre prisonnier ; mais ne vous couvrez pas du sang d'une pauvre jeune fille qui ne sait pas même se défendre. »

Paroles fort belles, sans doute ; mais il fallait dire : C'est moi qui ai donné un couvert à vendre à ma fille ; faites rechercher ce couvert, etc. On dira que j'attaque un pauvre libretto italien en vrai littérateur français. Ces messieurs attaquent les *paroles* d'un libretto ; voyez la grande colère du *Miroir* contre le *cra, cra* du Taddeo de l'*Italiana in Algeri*. Pour moi, je m'attaque aux *situations* fausses ; les paroles d'un libretto sont toujours fort bien à mes yeux, je ne les écoute pas. J'ai lu celles de la *Gazza* pour la première fois, en écrivant la présente notice, dans laquelle j'ai le malheur de ne pouvoir rappeler les chants de Rossini qu'à l'aide des paroles qui les accompagnent. On eût trouvé ridicule de mettre, au lieu des paroles, une ligne de musique en note au bas de la page, pour nommer un air.

Depuis le milieu du premier acte de la *Gazza*, tout est tristesse et désespoir ; et, pour faire variété, nous avons de l'*horreur* ; le podestat dans la prison faisant des propositions à Ninette. Dans un sujet à peu près semblable (*le Déserteur*), Sedaine évita toutes ces sensations noires par la jolie création du caractère de Montauciel, l'une des choses les plus difficiles que l'art dramatique ait osé exécuter en France. Rossini était digne de trouver un Sedaine. Si ce maçon fût né avec deux cents louis de rente, la littérature française compterait un homme de génie de plus.

La protection d'un ministre pouvait réparer les torts du hasard ; il fallait payer à Sedaine chacun de ses opéras six mille francs. Il eut, au contraire, grand'peine à être de l'Académie Française. Rien de plus inutile pour les arts que la protection des sots riches et l'établissement des académies ; Marmontel et La Harpe étaient les personnages les plus marquants de cette Académie qui eut de la peine à admettre Sedaine ; jugez des autres.

Il me semble que les spectateurs sont émus au point de sentir distinctement quel est le véritable cri de la nature. Des spectateurs amenés à ce point d'émotion sont dangereux ; ils repoussent avec horreur toute entreprise que l'art pourrait tenter pour embellir la nature [1].

La musique est à la hauteur des paroles dans ces deux vers terribles, chantés par les juges et le préteur avec l'accent imposant d'une nombreuse réunion de voix de basse :

> L'uno in carcere,
> E l'altro sul patibolo [2].

Galli était au-dessus de tous les éloges, et laissera un souvenir durable, même à Paris, dans

> Un padre, una figlia
> . . . .
> A tante sciagure
> Chi mai reggerà ?

Cette scène magnifique, la plus forte de

---

1. Voilà le secret de la répugnance des romantiques pour les vers alexandrins dans la tragédie ; à chaque instant le vers de Racine altère un peu la vérité *simple* et *une* de la parole de l'homme passionné. Cent cinquante années d'études philosophiques nous ont appris quelle est cette parole. Racine altère pour orner ; les mœurs de 1670 lui demandaient cette preuve de talent que repoussent celles de 1823. Nous voulons des tableaux beaucoup plus près de la nature. *Guillaume Tell* de Schiller, traduit en prose, nous fait plus de plaisir qu'*Iphigénie en Aulide*.

2. « Conduisez l'un en prison, et l'autre au supplice. »

l'opéra italien moderne et de l'œuvre de Rossini, se termine dignement par

> Ah ! neppur l'estremo amplesso,
> Questo è troppa crudeltà.

Je dois invoquer ici un principe en faveur de Rossini ; c'est que le mouvement de valse rappelle la rapidité terrible et inévitable des coups du destin. La circonstance de la *rapidité* est ce qu'il y a de plus terrible dans les sensations actuelles d'un malheureux condamné à mort et qui doit être exécuté dans trois quarts d'heure.

Ce n'est pas la faute de la musique si nous avons pris l'habitude de danser des valses ; cette mode sera peut-être passée dans trente ans, et sa manière de peindre la rapidité de l'heure qui s'avance est éternelle.

Cette raison suffit à mes yeux pour justifier plusieurs mouvements de valse, ou en approchant beaucoup, qui se trouvent dans le second acte de la *Gazza ladra* ; mais rien au monde ne saurait justifier

> Sino il pianto è negato al mio ciglio
> Entro il seno s'arresta il sospir,
> Dio possente, mercede, consiglio !
> Tu m'aita il mio fato a soffrir ;

et ce chant fort gai est répété deux fois à une certaine distance.

A la quatrième ou cinquième représentation de la *Gazza ladra*, un cri général s'éleva contre cette absurdité. Un des jeunes gens les plus aimables de cette aimable société de Milan, et dont les arts déplorent la perte aujourd'hui, était admirable en attaquant Rossini sur cet *allegro*. S'il vivait encore, son amitié ne m'aurait pas refusé quelques pages pour cette brochure, et je ne la croirais pas alors tout à fait indigne de l'attention du public.

Le parti de Rossini (car il y avait deux partis très prononcés) disait qu'il fallait lui savoir gré d'avoir déguisé l'atrocité du sujet par la légèreté de ses cantilènes. Si Mozart, disaient-ils, avait fait la musique de la *Gazza ladra* comme elle doit être écrite, c'est-à-dire dans le goût des parties sérieuses de *Don Juan*, cette pièce eût fait horreur et l'on n'en pourrait supporter la représentation.

Le fait est que, dans aucun de ses opéras, Rossini n'a fait autant de *fautes de sens* que dans la *Gazza ladra*. Il avait peur du public de Milan, qui lui gardait rancune depuis le *Turco in Italia*. Il voulut étourdir ce public, faire un grand nombre de morceaux nouveaux, et se donna moins que jamais le temps de relire. Ricordi, le premier marchand de musique d'Italie, et qui doit une grande fortune aux succès de

Rossini racontait devant moi, à Florence, que Rossini avait composé un des plus beaux duetti de la *Gazza ladra* dans son arrière-boutique, au milieu des cris et du tapage affreux de douze ou quinze copistes de musique se dictant leurs copies ou les collationnant, et cela en moins d'une heure.

Le grand morceau qui commence par le chœur *Tremate, o popoli*, me semble beaucoup trop long.

Le chœur du peuple, quand Ninette passe devant nous, environnée de gendarmes, pour aller au supplice, est bien. En Italie, où la tyrannie soupçonneuse et sans pitié[1] (le contraire du gouvernement de Louis XV) n'a pas permis la naissance des sentiments délicats, le bourreau, en bonnet de police marche à côté de Ninette, et la relève après la prière que fait cette pauvre malheureuse en passant devant l'église de son village. A *la Scala*, la décoration de M. Perego était sublime ; cette église de village était touchante et sombre, et cependant avait assez de grandiose pour ôter un peu de son horreur au triste spectacle dont nous sommes témoins. A Louvois, la décoration est *jolie* et *gaie ;* et pour digne complément, il y a des arbres au milieu des

---

1. Prison de l'historien Giannone.

nuages qui ne tiennent à rien sur la terre. Le goût pittoresque du public de Louvois est trop peu formé pour qu'il tienne à ces bagatelles [1].

Jamais vaudeville ne fut mieux à sa place que celui de la fin :

> Ecco cessato il vento,
> Placato il mare infido

Galli le chantait avec beaucoup de verve et de bonheur ; Zuchelli y met une grâce parfaite, et, dans sa bouche, ce vaudeville est réellement un morceau de chant très-remarquable. Je voudrais voir ce grand chanteur dans un rôle de *bariton*, D. Juan, par exemple.

Après la *Gazza ladra*, on sort de Louvois abîmé de fatigue et assourdi. La fatigue nerveuse tient à l'absence d'un ballet d'une heure entre les deux actes de l'opéra. A Milan, nous avions *Myrrha*, ou *la Vengeance de Vénus*, l'un des chefs-d'œuvre de Vigano. Les idées mythologiques étaient vraiment d'un effet délicieux, après les horreurs *trop réelles* du juge de Palaiseau

---

[1]. Dans trente ans, l'on demandera aux peintres de décorations de vouloir bien supprimer la quantité de petits détails spirituels dont ils se croient obligés de charger leurs toiles. Peut-être alors aurons-nous échangé beaucoup de vanité contre un peu d'orgueil. Nous prenons, sans honte, du *café*, quoiqu'il ne vienne pas en France ; pourquoi n'appellerions-nous pas de Milan MM. Sanquirico, Tranquillo ou leurs successeurs ?

et de ses gendarmes. Il n'a peut-être jamais existé d'orchestre plus savant, plus exact, plus impitoyable pour ce qu'il croit son devoir, que celui de Louvois, et jamais on n'a vu une telle absence de sentiment musical. Puisque *sentir* paraît impossible, espérons qu'avec le temps on *enseignera* dans la rue Bergère, qu'un *crescendo* doit se commencer doucement, et qu'il existe certaines nuances nommées *piano*. Où sont nos symphonistes malhabiles de Capoue ou de Foligno ! quand ils font des fautes, c'est toujours par ignorance, c'est que leurs doigts n'ont pas l'habileté nécessaire pour faire telle note ; mais quel feu ! quelle délicatesse ! que d'âme, quel sentiment musical ! Il y a telle note trop forte, trop hardie, trop *effrontée*, qui prouve que celui qui en outrage l'oreille du spectateur, est à jamais indigne d'être admis dans un orchestre autre que celui du grand Opéra.

Pris individuellement, chacun des artistes de notre orchestre de Louvois est peut-être supérieur, les violons surtout, aux artistes du théâtre de Dresde, de Munich ou de Darmstadt. Quelle différence immense, cependant, dans *l'effet !* Ces messieurs ne sont supérieurs que dans certaines symphonies de Haydn, où tout est *dur ;* dès qu'il y a une mesure gracieuse et tendre, ils la manquent. Voir les passages de ce caractère dans l'ouverture de la *Gazza ladra*, voir la manière dont on vient de traiter l'ouverture des *Horaces* de Cimarosa.

La première fois que j'entendis la *Gazza ladra*, à Louvois, je fus scandalisé. Le chef d'orchestre, homme d'ailleurs d'un grand talent, violon très-habile, et qui dirige fort bien l'orchestre, une fois le système français adopté, a changé la plupart des *mouvements* de Rossini. Si jamais ce maestro passe à Paris, et qu'il ne prenne pas le parti de donner des conseils à contre-sens (plaisanterie que je lui ai vu exécuter une fois avec une grâce infinie, tout le succès possible, et une duperie parfaite de la part des chanteurs qu'il conseillait à faux), il ne peut pas se dispenser d'avoir une explication avec M. le chef d'orchestre de Louvois. Pauvre Rossini ! il sera battu complétement, car il n'est pas SAVANT, lui.

Le mouvement fait tout pour l'expression. *Enfant chéri des dames*, cet air aimable que Devième vola jadis à Mozart, chanté *adagio*, est à faire fondre en larmes. Parmi les morceaux singulièrement altérés par le chef d'orchestre de Louvois, je remarque le duetto de Ninette et de Pippo dans la prison :

    E ben per mia memoria.

Tantôt les *piano* deviennent des *allegro;* mais comme il faut être juste, et qu'il y a compensation à tout, un instant après, un joli *allegro vivace* est changé en *andante* languissant, et cela en dépit de la situation et du cri du libretto, si j'ose parler ainsi.

Guarda, guarda; avisa, avisa!

dans le moment où Pippo, au haut du clocher, retrouve le couvert d'argent dans la cachette de la pie, morceau *allegro* s'il en fut jamais, et ainsi exécuté à Milan sous les yeux de l'auteur, prend à Louvois un mouvement lent tout à fait convenable pour une parodie[1].

Dans huit ou dix ans, lorsque la révolution de la musique sera achevée, et que nos jolies petites filles de douze ans seront des maîtresses de maison, le public de Louvois, voulant avant tout de *beaux chants,* et non de la symphonie, fera du chef d'orchestre d'alors l'esclave soumis des chanteurs, quant au *mouvement* des morceaux. Quelque médiocre que soit le chanteur, quand il est en scène, tout doit lui obéir et le suivre, non pas assurément par déférence pour sa personne, mais par respect pour l'oreille du spectateur.

[1]. On dit que le motif de l'air de la cloche est pris dans *Otello.*

CHAPITRE XXIV

DE L'ADMIRATION EN FRANCE,
OU DU GRAND OPERA

JE suis allé ce soir au *Devin du Village* (5 mars 1823) ; c'est une imitation assez gauche de la musique qu'on avait en Italie vers l'an 1730. Cette musique fit place, jadis, aux chefs-d'œuvre de Pergolèse et de Logrosino, qui furent remplacés par ceux des Sacchini et des Piccini, qui ont été effacés par ceux des Guglielmi et des Paisiello, qui à leur tour pâlissent devant Rossini et Mozart.

En France, nous n'allons pas si vite ; rien de ce qui est généralement reçu ne peut passer *peu à peu*. Il faut *bataille*. Je veux admirer aujourd'hui ce que j'ai admiré hier ; autrement, de quoi parlerai-je demain ? Un chef-d'œuvre reconnu tel a beau m'ennuyer, il n'en est pas moins *délicieux ;* c'est moi qui suis dans mon tort d'être ennuyé. Le valet de chambre de la maison paternelle nous dit dès l'âge de dix ans, en nous mettant des papillotes :

« Monsieur, il faut souffrir pour être beau. »

Tout change en Europe, tout a été bouleversé ; le public de l'Opéra seul a la gloire d'être resté immobile. Il fit, dans le temps une fort belle résistance à Rousseau. Les violons voulurent bravement le tuer comme ennemi de *l'honneur national*[1]. Paris tout entier prit parti ; on parla de *lettre de cachet*. C'est comme il y a un an à la Porte Saint-Martin ; les journaux libéraux persuadèrent aux *calicots* qu'il fallait siffler Shakspeare, parce que c'est un aide de camp du duc de Wellington.

Notre *bon sens littéraire* n'a pas fait un pas depuis 1765 ; c'est toujours sur l'honneur national que notre vanité s'appuie. Nous sommes si vains, que nous prétendons à l'orgueil.

Voyez les changements qui ont eu lieu dans l'État depuis 1765 : Louis XVI appelle la philosophie au conseil, elle y entre sous les traits de l'immortel Turgot ; la légèreté puérile du vieux Maurepas succède ; vient ensuite l'importance financière et la suffisance bourgeoise de l'honnête Necker ; sous Mirabeau, la France veut la monarchie constitutionnelle ; sous

---

[1]. *L'honneur national!* grand argument musical du *Miroir* d'aujourd'hui, comme des ennemis de Rousseau en 1765 ; c'est tout bonnement l'art d'en appeler aux *passions* des gens trop *occupés* pour avoir une opinion.

Danton elle passe à la terreur, et l'étranger n'entre pas. Une cinquantaine de voleurs s'emparent du timon de l'État. Les beaux jours de Frascati paraissent. Pendant ce temps, nos armées se donnaient le plaisir nerveux de gagner des batailles et de faire fuir des Autrichiens.

Nous étions aux concerts de la rue de Cléry, lorsqu'un jeune héros s'empare de la France et fait son bonheur pendant trois ans. Un homme aimable lui présente une lettre sur le revers de son chapeau à plumes ; le grand homme perd la tête et s'écrie : *Il n'y a que ces gens-là qui sachent servir !* Cette lettre lui fait plus de plaisir que dix victoires. Il part de là pour ressusciter les oripeaux monarchiques à la Louis XIV. Toute la France court après les baronnies et les cordons. Lassée de l'insolence des comtes de l'Empire, elle reçoit Louis avec transports..... Que de changements ! L'opinion publique a varié au moins vingt fois depuis 1765. Une seule classe est restée immobile comme pour consoler *l'orgueil national;* c'est le public de l'Opéra. Lui seul peut décliner avec dignité la girouette fatale que nous voyons voltiger sur tant de têtes. On y chantait faux ce soir comme il y a soixante ans.

Ce soir, en revenant du *Devin du Village*, j'ai ouvert machinalement un volume de l'emphatique Rousseau. C'étaient ses écrits sur la musique. J'ai été frappé ; tout ce qu'il dit en 1765 est encore brillant de jeunesse et de vérité en 1823. L'orchestre français, qui se croit toujours le premier orchestre du monde, ne peut pas plus exécuter un *crescendo* de Rossini aujourd'hui qu'alors. Fidèle aux oreilles doublées de parchemin de nos braves aïeux, il meurt toujours de peur de commencer trop doucement, et méprise les *nuances* comme des preuves de manque de vigueur. Le *physique* du talent a changé : nul doute que nos violinistes, nos violoncelles, nos contre-basses n'exécutent aujourd'hui des choses impossibles en 1765 ; mais la *partie morale* du talent, si je puis m'exprimer ainsi, est toujours la même. C'est comme un homme sans fortune qui fait un héritage immense d'un parent mort dans les Indes ; ses moyens d'action et d'influence ont changé, mais son caractère est resté le même ; bien plus, enhardi par son opulence nouvelle, ce caractère n'éclatera que d'une manière plus effrontée. Nos symphonistes ont hérité, eux, du talent de la main. Rossini va passer à Paris pour aller à Londres ; vous les verrez lui disputer *le temps* des morceaux qu'il a créés, et prétendre le savoir mieux que lui. Pris individuellement, ce sont des artistes, et peut-être les plus habiles de l'Europe ; réunissez-les en corps, c'est toujours l'orchestre de 1765. La science musicale nous inonde de toutes parts, et le sentiment est à sec. Je suis poursuivi par de jeunes prodiges de dix ans et demi qui exécutent des concertos, et les grands violinistes réunis en orchestre ne peuvent pas exécuter l'accompagnement du duetto d'*Armide*.

Le mécanisme se perfectionne[1] et l'art tombe. On dirait que plus ces gens-ci deviennent savants, plus leurs cœurs se racornissent. Ce que Rousseau a écrit sur la politique et sur l'organisation des sociétés a vieilli d'un siècle ; mais ce qu'il a écrit sur la musique, art plus difficile pour des Français, est encore brillant de fraîcheur et de vérité. Un *vieux mélromane* déclare que Spontini et Nicolo sont les musiciens français par excellence, et il ne voit pas dans la forme même de leurs noms que Spontini est de Jesi, Nicolo de Malte, et qu'ils ne sont venus en France qu'après s'être essayés vingt fois en Italie. L'absurdité lutte de toutes parts avec la prétention ; mais la prétention l'emporte.

1. Il y a quelque temps que, dans *Tancrède*, l'orchestre de Louvois exécuta sans difficulté, et sur le simple avertissement de son chef, le duetto *Ah! se de'mali miei*, un demi-ton plus haut que la note écrite ; il est en *ut*, on le chante en *re*. En 1765, le bâtonnier de l'Opéra criait : *Messieurs, attention au démanché!*

Serait-ce que le peuple français est, dans le fait, l'un des moins légers de l'univers ? Les philosophes, qui lui ont décerné si souvent ce titre de *léger*, ont-ils pénétré plus avant que la forme de son habit ou la coupe de ses cheveux ?

Les Allemands, que nous appelons graves pour nous moquer, ont changé trois fois au moins de philosophie et de système dramatique depuis trente ans. Nous, nous sommes toujours pour la *musique française de Spontini* et pour l'*honneur national;* et nous le mettons bravement à défendre le Liégeois Grétry contre le Pesarese Rossini.

En 1765, Louis XV, tout homme d'esprit qu'il était, dit au duc d'Ayen, qui se moquait du *Siége de Calais*, tragédie de Du Belloy : *Je vous croyais meilleur Français*. On sait la réponse du duc. Napoléon lui-même, dans ses Mémoires, emporté par la bonne habitude de mentir, trouve digne de blâme le Français qui, en écrivant l'histoire, avoue des choses peu favorables à la France. (Notes sur l'ouvrage du général Rogniat.) Si son règne eût duré, il eût *détruit tous les monuments* de l'histoire militaire de son temps, de manière à être *maître* absolu de la vérité. Anecdote curieuse de la *bataille de Marengo*, du général Vallongue ; le brave militaire qui me l'a contée ne parle pas, par délicatesse. Quant à moi, j'aime tendrement le héros ; je méprise le despote donnant audience à son chef de police.

Dans les révolutions de l'État, il n'y a pas eu légèreté chez les Français ; il y a eu constance à l'intérêt d'argent [1] ; en littérature, il y a constance à l'intérêt de vanité. On est sûr de n'être pas sifflé en répétant une phrase de La Harpe ; et l'on passe, même au Marais, pour un homme d'infiniment d'esprit si on peut la répéter avec une légère variante. Ce que j'ai admiré hier, je veux l'admirer aujourd'hui, mon admiration est mon bien ; autrement il faudrait changer tous les jours le fond de ma conversation, et je m'exposerais à des objections non prévues, devant lesquelles je pourrais rester court ; quel horrible danger !

En France, les classes inférieures admirent bonnement tout ce qu'admire Paris et jadis tout ce qu'admirait la cour. Les socétés particulières, qui sentent qu'elles ne sont pas à la tête de la mode, se gardent bien d'admettre aucune *véritable discussion* sur ce qu'elles ont accepté comme étant de *bon ton*. Elles reçoivent leurs opinions de Paris, de ce Paris que la pro-

1. Le lendemain du 18 brumaire, deux mille gens riches avaient intérêt à le louer.

vince abhorre en silence et avec respect. Remarquez que tout ce qui a un peu d'énergie à Paris, est né en province, et en débarque à dix-sept ans, avec le fanatisme des opinions littéraires à la mode en 1760.

On voit que dans les Arts, l'extrême vanité exclut la légèreté ; *il faut souffrir pour être beau.* Personne n'ose en appeler à sa propre sensation ; en province surtout, où ce crime est irrémissible.

Ces pensées malsonnantes et téméraires m'assiégeaient ce soir à l'Opéra, en voyant quelques spectateurs gens de goût, ennuyés mortellement par *le Devin*, n'avoir pas assez de courage moral pour être sincères avec eux-mêmes[1] : tant c'est une terrible chose en France que d'être seul de son opinion.

J'entrai un soir de l'été dernier chez Tortoni. Je trouvai les amateurs de glaces les uns sur les autres. Contrarié de me voir sans petite table, je dis à Tortoni, avec qui j'étais en liaison d'italien : « Vous « êtes bien singulier de ne pas louer les

---

1. Ce sont les classes inférieures de la société et les provinciaux nouvellement débarqués, admirateurs nés de tout ce qui *coûte bien cher*, qui garnissent les banquettes du grand Opéra. Ajoutez-y dans les loges quelques Anglais arrivant de leurs terres, et au balcon quelques gens de plaisir qui viennent admirer les danseuses ; voilà, avec les six cent mille francs du gouvernement, ce qui soutient l'Opéra. Le premier ministère de bon sens mettra les Italiens rue Le Peletier, vers l'an 1830.

« maisons voisines de la vôtre ; au moins
« l'on pourrait s'asseoir chez vous. — *Non
« son cosi matto !* Ho ! je connais les Fran-
« çais, ils n'aiment à se trouver que là où
« l'on s'étouffe ; voyez à ma porte la pro-
« menade du boulevard de Gand. »

Non corrigé par cette réponse judicieuse de l'Italien, je disais dernièrement à l'un des directeurs de l'*Opéra-Buffa :* « Votre
« théâtre se meurt de monotonie ; engagez
« trois chanteurs de plus à trente mille
« francs, et jouez une fois par semaine au
« grand Opéra. — Nous n'aurions pas un
« chat ; nos banquettes resteraient dé-
« sertes, personne ne voudrait de nos loges,
« ce serait étouffer de nos propres mains
« la mode qui nous permet de dépenser,
« pour notre cher Opéra français, tout ce
« que notre pauvre budget de la maison
« accorde pour l'Opéra-Buffa [1]. »

Je pense qu'il est difficile de trouver deux observations de mœurs plus futiles que les précédentes. On court chez Tortoni, où l'on étouffe, comme l'on va aux *Français*, où l'on bâille ; c'est le même principe. Le même homme est mû par le même

1. *Nous n'aurions personne si nous agrandissions notre théâtre;* voilà ce que tout le monde répète quand on représente qu'on est au supplice dans les loges, et que les deux maisons voisines appartenant à l'administration, l'on pourrait changer les corridors actuels en loges à *l'italienne,* et faire d'autres corridors latéraux.

penchant à deux heures différentes de la journée ; quant à sept heures il passe près des Français, il se dit : Allons revoir cette admirable *Iphigénie*. Il prend son billet en répétant à mi-voix :

Jamais Iphigénie, en Aulide immolée,
N'a coûté tant de pleurs à la Grèce assemblée,
Que dans l'heureux spectacle à nos yeux étalé,
En a fait, sous son nom, verser la Champmêlé.

Boileau, *Épître à Racine*.

Comment, après un suffrage aussi illustre, oser trouver ridicule *une rame inutile* qui fatigue vainement *une mer immobile?* Notre homme n'est jamais allé en bateau à vapeur.

Un Parisien de la vieille roche ne va pas prendre une glace chez Tortoni parce qu'il fait chaud, quel motif vulgaire ! mais pour faire une action qui est de bon ton, pour être vu dans un lieu fréquenté par la haute société, pour voir aussi un peu cette haute société, et enfin, mais bien enfin, parce qu'il y a un petit plaisir à prendre une glace quand le thermomètre est à 25 degrés.

Supposez que l'on trouve encore quelques places à huit heures à la salle Louvois ; ce n'est donc plus un lieu où la bonne compagnie s'étouffe, ce n'est plus qu'un théâtre commode : je n'y vais pas.

En Espagne et en Italie, chacun méprise le voisin, et a l'orgueil sauvage d'être de sa propre opinion. C'est ce qui fait qu'on n'y sait pas vivre.

Tout ce qui précède donne l'histoire de la réception qu'on a faite en France à Rossini ; depuis le jour où un directeur adroit défigura l'*Italiana in Algeri*, jusqu'au jour où, pour *le Barbier de Séville*, on l'opposa habilement à Paisiello, on espérait dégoûter de Rossini. Le coup était habile et bien calculé d'après les habitudes littéraires de la nation. Les gens de lettres, qui regardent comme une annexe de leur titre le privilège de juger des tableaux et de la musique, ne manquèrent pas, fidèles au métier, de faire des articles furibonds en faveur du compositeur d'il y a trente ans, contre le compositeur d'aujourd'hui. Il leur semblait encore parler de Racine et de Boileau, opposés à Schiller et à Byron. Ils ne tarirent pas sur l'audacieuse témérité d'un jeune homme qui osait remettre en question la gloire d'un ancien[1]. Heureusement pour Rossini les temps de Geoffroy étaient passés ; aucun journal n'avait la vogue, et les pauvres littérateurs estimables, privés de l'avantage de parler tout seuls, furent

1. Voir *la Renommée* des premiers jours de septembre 1819, autant que je puis m'en souvenir, et les autres journaux.

tout étonnés de voir que le public se moquait d'eux.

Le Barbier de Séville a fait connaître Rossini à Paris, *neuf petites années* après que ce compositeur faisait les délices de l'Italie et d'une grande partie de l'Allemagne. Le *Tancrède* avait paru à Vienne immédiatement après le congrès. Trois ans plus tard, *la Gazza ladra* avait un succès fou à Berlin, et l'on y imprimait des volumes pour ou contre l'ouverture de cet opéra.

La moitié du mérite de Rossini apparut aux Parisiens, au grand désespoir de certaines personnes, à l'époque où madame Fodor prit le rôle de madame de Begnis dans *le Barbier;* la seconde moitié, quand madame Pasta a chanté dans *Otello* et *Tancrède*.

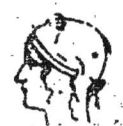

CHAPITRE XXV

LES DEUX AMATEURS

ON m'a présenté, il y a quelque temps, à un vieux commis expéditionnaire du bureau de la guerre, doué d'une justesse d'oreille tellement parfaite, que si, passant devant un atelier de tailleurs de pierre, établi dans le voisinage de quelque bâtisse considérable, on lui demande l'indication exacte des sons rendus par deux pierres frappées par le marteau de deux ouvriers voisins, il indique à l'instant ces sons avec une justesse qui n'est jamais en défaut, et leur assigne, sans la moindre hésitation, le nom musical qu'ils doivent porter. Si cet homme vient à entendre un orgue de Barbarie qui joue faux, selon la coutume, il énonce à mesure les notes que fait entendre l'instrument fatal. Il apprécie avec le même bonheur les cris d'une poulie mal arrangée au haut d'une grue qui élève péniblement un poids considérable, ou les gémissements de la roue mal graissée d'un tombereau de campagne. Il est inutile d'ajouter que mon nouvel ami indique à l'instant la plus petite faute commise dans un orchestre considérable ; il nomme la fausse note exécutée et l'instrument coupable. La personne qui me présentait m'engagea à chanter un air ; soit effet du hasard, soit fait exprès, cet air présenta plusieurs sons douteux, qu'un musicien qui se trouvait présent reconnut avec étonnement dans l'air noté que le vieil expéditionnaire présenta deux minutes après au chanteur malheureux. Cet homme singulier écrit un air qu'on vient de chanter, comme un enfant écrit une fable de La Fontaine, si quelque ami de la famille vient à la lui demander pour éprouver son savoir. Si l'air que vous chantez est long, l'expéditionnaire, qui craint d'oublier, prie que l'on s'arrête jusqu'à ce qu'il ait eu le temps d'écrire ce qu'il a déjà entendu. Je supprime d'autres épreuves, desquelles mon ami sort également à son avantage. Tous les sons de la nature ne sont pour lui qu'un langage fort clair (quant au son), qu'il écrit sans difficulté, mais aussi sans y rien comprendre. Il est, je crois, difficile de rencontrer une oreille meilleure appréciatrice des sons, et en même temps plus insensible au charme qu'ils peuvent avoir.

Ce pauvre expéditionnaire, qui, comme le M. Bellemain de *l'Intérieur d'un Bureau*, a une bonne physionomie tranquille et heureuse, et compte trente ou quarante ans d'assiduité, est le plus sec et le moins sensible des hommes. Les sons ne sont pour lui que du bruit ; la musique est un langage qu'il entend fort bien, mais qui n'a aucun sens. Il préfère, je crois, à toutes les symphonies, le bruit des pierres de taille frappées par le marteau des maçons. On a fait l'expérience de lui envoyer, le même jour, des billets pour Louvois et pour l'Odéon, pour le grand Opéra et pour la Porte Saint-Martin ; toujours il a préféré le théâtre où l'on ne chantait pas. Il me semble que la musique ne lui fait aucun plaisir, autre que celui de donner exercice à son talent pour l'appréciation des sons ; cet art ne dit absolument rien à son âme ; et d'ailleurs il n'a point d'âme. Dès qu'on entreprend une conversation un peu élevée avec lui, et que l'on cite quelque trait un peu au-dessus du niveau le plus ordinaire, il répète avec simplicité et plusieurs fois de suite : romanesque ! romanesque ! C'est l'homme *prosaïque* par excellence.

Par opposition, tout le monde a connu à la cour du prince Eugène, vice-roi d'Italie, M. le comte C***, jeune Vénitien de la plus héroïque bravoure, et qui, à force de belles actions, était devenu officier d'ordonnance du prince. Non-seulement cet aimable jeune homme était hors d'état d'apprécier les sons, mais il ne pouvait dire quatre notes de suite sans chanter faux d'une manière épouvantable. Ce qui frappait d'étonnement, c'est que, chantant aussi faux, il aimait la musique avec une passion remarquable même en Italie. Au milieu de tous les genres de succès, on voyait que la musique faisait une partie nécessaire et considérable de son bonheur. On m'assure que M. le comte de Gallenberg, qui, pendant que Rossini triomphait à San-Carlo par la musique de ses opéras, y composait la musique des ballets joués entre les deux actes des opéras de Rossini, et avait des succès presque comparables à ceux du jeune maestro, a la plus grande peine du monde à distinguer un son faux d'un son juste.

Ces cas extrêmes sont rares, mais ils forment avec les nuances intermédiaires toutes les classes d'amateurs. Les uns, et ce sont les pédants de la musique, pédants aussi furieux qu'un savant en *us* avec son âme dévouée à la vanité, à l'argent et au travail, les uns ont une aptitude étonnante pour percevoir les sons et leurs modes différents ; mais ces sons ne représentent pour eux aucun mouvement de l'âme, ne leur rappellent aucune passion ou nuance de passion. Ces gens sont, en musique, les connaisseurs les plus savants et les plus imperturbables ; n'étant jamais trahis par aucun moment d'entraînement, ce qu'ils ont une fois appris, ils n'en sont jamais distraits, et surtout ils n'ont jamais à rougir de certaines exagérations qui, hasardées devant des gens qui ne sont pas faits pour les entendre, font ensuite tant de honte aux amateurs véritables.

Ceux-ci, auprès des autres, ont l'air d'ignorants, et ils ont parfois des moments bien ridicules ; c'est lorsqu'ils font des efforts étonnants de pédantisme et de mensonge pour avoir l'air de se connaître un peu en *notes* et en classification des sons. En France, ils n'ouvrent guère la bouche pour parler de l'art divin auquel ils doivent les plaisirs les plus vifs, sans prêter le flanc à la plaisanterie par quelque balourdise savante ; c'est d'ordinaire quelque idée qu'ils ont prise dans *Reicha*, et qu'ils n'ont retenue qu'à moitié. A Louvois, je reconnais ces deux classes d'amateurs d'un côté de la salle à l'autre, il y a toujours, par exemple, quelque désordre dans la toilette du vrai dilettante, tandis que celle de l'amateur pédant est un chef-d'œuvre d'esprit d'ordre et de soins, même un jour de première représentation, où c'est une affaire que d'avoir une place passable. Le pauvre amateur sensible a ordinairement l'imprudence d'entreprendre de parler dans ses moments d'émotion, et c'est alors qu'il s'expose aux plaisanteries triomphantes des gens froids ; sa colère redouble leur bonheur ; les noms, les dates, tout lui manque, tandis que le pédant sec brille à ses côtés et à ses dépens, en récitant, avec moins de disgrâce que de coutume, l'historique de la science, tous les détails du chant des actrices qui ont paru depuis vingt ans au théâtre italien, toutes les dates des débuts ou des mises en scène, etc., etc. Le pauvre amateur sensible s'expose au ridicule, parce qu'il y a encore en lui un peu du caractère français. Pourquoi parler ? pourquoi se mettre en communication avec cet éteignoir de tout enthousiasme et de toute sensibilité ? *Les autres.* Voyez l'amateur de *San-Carlo* et de *la Scala ;* tout entier à l'émotion qu'il éprouve, ne songeant pas à *juger* et encore moins à faire une jolie phrase sur ce qu'il entend, il ne s'inquiète nullement de son voisin, et ne songe guère à faire effet sur lui ; il ne sait pas même s'il a un voisin. Plongé dans une extase contemplative, il n'a que de la colère et de l'impatience à donner aux *autres* qui viendraient l'empêcher de jouir de son âme. Parfois il laisse échapper une exclamation, et puis retombe dans son morne et profond silence. S'il marque la mesure, s'il fait un mouvement, c'est que dans de certains passages le mouvement augmente le plaisir. Sa bouche est à demi ouverte, tous les traits de sa figure portent l'empreinte de la fatigue, ou, pour mieux dire, de l'absence d'animation ; il n'y a d'âme que dans ses yeux, et encore si on l'a averti de cette vérité, dans sa haine pour *les autres*, il se cache les yeux, de la main.

Beaucoup de chanteurs célèbres appartiennent à la classe d'amateurs dont j'ai présenté le prototype dans le commis appréciateur juré des sons rendus par les pierres de taille. Ce sont des gens communs chez qui le hasard a mis de l'oreille, une voix superbe et une forte poitrine.

Si, avec le temps, ils acquièrent quelque esprit, ils jouent le sentiment, l'enthousiasme ; ils parlent souvent de *génie*, et placent sur leur bureau d'acajou un buste de Mozart. A Paris, ils n'ont pas même besoin d'esprit pour arriver à cet extérieur ; leurs phrases leur sont données par le journal, et le buste est l'affaire du marchand de meubles.

Tel amateur, au contraire, ne connaît rien aux notes ; et cependant la plupart de leurs combinaisons, même les plus simples, représentent à ses yeux, *avec force et clarté*, une nuance de sentiment. Rien n'égale, *pour lui*, l'évidence de ce langage ; et comme il n'est pas gâté par le rappel à volonté, ce pauvre dilettante est hors d'état de résister à sa force entraînante. Mozart est le maître souverain de son âme ; avec vingt mesures, il va le plonger dans la rêverie, et lui faire prendre du côté tendre et touchant les plus simples accidents de ce monde ; un chien écrasé par un fiacre dans la rue de Richelieu.

CHAPITRE XXVI

MOSÉ

A Naples, j'allais quelquefois après l'opéra, vers minuit ou une heure, dans une société de vieux amateurs qui se réunissait sur une terrasse du quai de *Chiaja*, au haut d'un palais. On avait hissé d'assez grands orangers sur cette petite esplanade ; nous dominions la mer et toutes les maisons de Naples ; nous avions en face de nous le mont Vésuve, qui, chaque soir, amusait les regards par quelque accident nouveau. Placés sur cette terrasse extrêmement élevée, nous attendions la brise délicieuse qui ne manque guère de s'élever aussitôt après minuit. Le bruit des ondes de la mer qui venaient briser à vingt pas de la porte du palais, ajoutait encore, sous ce climat brûlant, au sentiment de bien-être. Notre âme était admirablement disposée à parler musique et à reproduire ses miracles, soit par cette discussion vive et partant du cœur, qui fait renaître pour ainsi dire les sensations, soit par le moyen plus direct d'un piano qui était caché dans un des coins de la terrasse, entre trois caisses d'orangers. Cimarosa avait été l'ami de la plupart de mes vieux amateurs ; ils parlaient souvent des méchancetés que Paisiello lui faisait quand ces deux grands artistes se partageaient l'admiration de Naples et de l'Italie ; car Paisiello, ce génie si gracieux, a été un vilain homme, et Cimarosa n'a jamais connu le bonheur de Rossini qui règne comme un dieu sur l'Italie et sur le monde musical. Mes amis admiraient cette vogue étonnante ; ils cherchaient à l'expliquer. J'entendais mettre Rossini bien au-dessous des grands maîtres de la fin du dernier siècle : Anfossi, Piccini, Galuppi, Guglielmi, Portogallo, Zingarelli, Sacchini, etc., etc. On n'accordait presque à Rossini que du *style*, l'art d'écrire d'une manière *actuellement amusante;* mais pour les idées, pour le fond des choses, on mettait l'infini entre lui et la plupart de ces grands maîtres. Je ne connais point leurs opéras ; où trouver aujourd'hui des voix qui pussent les chanter[1] ? Je n'ai entendu que quelques-uns de leurs airs les plus célèbres.

---

1. Voir ci-après les chapitres relatifs au *chant* tel qu'il était en 1770 et tel qu'il est aujourd'hui, chapitres dont j'ai recueilli les idées dans les conversations dont je viens de parler.

J'avouerai que pour la plupart de ces grands artistes, je suis un peu comme pour Garrick et Le Kain. Tous les jours j'entends porter aux nues ces acteurs par des hommes pour les lumières et l'esprit desquels j'ai un respect infini ; mais je suis entraîné malgré moi, dans les arts, par une mauvaise habitude que j'ai rapportée de la politique : c'est de parler de beaucoup de choses comme on veut, mais de ne croire que ce que j'ai vu. Par exemple, avant de passer en Angleterre, je croyais Talma le premier acteur tragique de notre temps ; mais j'ai vu Kean.

Nous étions, à Naples, dans le plus fort de nos discussions sur le mérite relatif de Rossini et des anciens compositeurs qui eurent plus de mérite et moins de bonheur, lorsqu'on nous annonça à San-Carlo, *Mosè*, sujet sacré (1818). J'avoue que je m'acheminai vers San-Carlo avec de grands préjugés contre les plaies d'Égypte. Les sujets pris des Écritures saintes peuvent être agréables dans un pays biblique tel que l'Angleterre [1], ou bien en Italie, où ils

---

[1]. Par respect pour la Bible, l'on n'a pas osé donner *Moïse* à Londres, au théâtre du Roi (l'Opéra-Italien). On a fait de la musique de *Moïse* un *Pierre l'Ermite*, 1823. Cet essai me plaît ; j'espère qu'on fera des *libretti* passables pour quatre ou cinq opéras de Rossini dont les situations actuelles sont tellement absurdes qu'elles rebutent l'imagination. On trouverait difficilement une page dans les

sont sanctifiés par tout ce qu'il y a de plus ravissant dans les beaux-arts, par le souvenir des chefs-d'œuvre de Raphaël, de Michel-Ange et du Corrège. Pour moi, littérairement et humainement parlant, j'estime les livres saints comme une espèce de c*** d* M*** très-curieux à cause de leur assez grande antiquité, à cause de la naïveté des mœurs, et surtout à cause du *grandiose du style*. Politiquement, je les considère beaucoup comme les soutiens de l'aristocratie et des belles livrées de tant de pairs d'Angleterre ; mais c'est toujours mon esprit qui estime. Au souvenir des plaies d'Égypte, du roi Pharaon et du massacre des premiers-nés des Égyptiens, *opéré pendant la nuit* par l'ange du Seigneur, mon âme lie inévitablement le souvenir des douze ou quinze prêtres au milieu desquels j'ai passé ma jeunesse dans le temps de la terreur.

J'arrivai donc à San-Carlo, on ne peut pas plus mal disposé, et comme un homme que l'on prétendrait égayer par le spectacle des bûchers de l'inquisition, pourvus de victimes par les tours d'adresse de M. Comte.

trente journaux littéraires d'Angleterre qui ne soit sanctifiée par quelque allusion à la Bible. Que dirai-je de M. Irving ? un tel être est impossible en France, même à Toulouse.

La pièce commence par ce qu'on appelle la *plaie des ténèbres*, plaie un peu trop facile à exécuter à la scène, et par là assez ridicule ; il suffit de baisser la rampe et de voiler le lustre. Je riais au lever de la toile ; les pauvres Égyptiens formés en groupes sur un théâtre immense, et affligés de la plaie de l'éteignoir, sont en prière. Je n'eus pas entendu vingt mesures de cette admirable introduction, que je ne vis plus qu'un grand peuple plongé dans la douleur ; par exemple, Marseille en prière à l'annonce de la peste de 1720. Le roi Pharaon, vaincu par les gémissements de ses peuples, s'écrie :

Venga Mosè !

Benedetti, chargé du rôle de Moïse, parut avec un costume simple et sublime, qu'il avait imité de la statue de Michel-Ange à *San Pietro in Vincoli*, à Rome, il n'eut pas adressé vingt paroles à l'Éternel, que les lumières de mon esprit s'éclipsèrent ; je ne vis plus un charlatan changeant sa canne en serpent, et se jouant d'une dupe, mais un grand homme ministre du Tout-Puissant, et faisant trembler un vil tyran sur son trône. Je me souviens encore de l'effet de ces paroles :

Eterno, immenso, incomprensibil Dio

Cette entrée de Moïse rappelle tout ce qu'il y a de plus sublime dans Haydn, et peut-être le rappelle trop. A cette époque, Rossini n'avait rien fait d'aussi savant que cette *introduction*, qui s'étend jusqu'à la moitié du premier acte, et dans laquelle il ose répéter vingt-six de suite fois la même forme de chant. Ce trait de hardiesse et de patience dut coûter infiniment à un génie aussi vif. Dans ce morceau, Rossini déploie toute la science de Winter ou de Weigl réunie à une abondance d'idées [1] qui effraierait ces bons Allemands ; ils se croiraient devenus fous. Le génie de Rossini semble plutôt avoir deviné la science que l'avoir apprise, tant il la domine avec hardiesse. Le succès de cet opéra à Naples fut immense, et de plus *éminemment français*. Tout bon Parisien, en couvrant d'applaudissements une scène de Racine ou de Voltaire, jouit intérieurement, et s'applaudit encore plus lui-même de ses connaissances en littérature et de la sûreté de son goût. A chaque vers de Racine, il passe en revue toutes les bonnes raisons que lui ont données les rhéteurs français, MM. de La Harpe, Geoffroy, Dussault, etc., etc., pour le trouver admirable. On n'est guère savant à Naples qu'en mu-

---

1. Abondance d'idées en répétant vingt-six fois de suite le même chant! Excellente critique.

sique ; c'est pourquoi, ce soir-là, sur l'annonce d'un opéra fort savant, l'amour-propre des Napolitains trouva une vive jouissance à applaudir de la science. Je voyais autour de moi, sous vingt formes différentes, la vanité ravie de pouvoir faire preuve de savoir. L'un se récriait sur un accord des violoncelles, un autre sur une note de cor donnée à propos ; quelques-uns, déjà envieux de Rossini, tout en élevant aux nues son introduction, applaudissaient d'un air malin, et comme pour donner à entendre qu'il pouvait bien l'avoir dérobée à quelque maître allemand. La fin du premier acte se passa sans encombre ; c'est la plaie de feu, représentée par un petit feu d'artifice. Le second acte, qui roule sur je ne sais quelle plaie, fut bien accueilli ; on porta aux nues un duetto magnifique ; les *bravo maestro, evviva Rossini !* partaient de tous les points de la salle. Le prince royal, fils du pharaon d'Égypte, aime en secret une jeune juive ; Moïse, faisant partir tout son peuple, la jeune juive vient dire à son amant un éternel adieu. C'est un des grands sujets de duetto dont la nature ait doté la musique. Si Rossini ne s'est pas élevé à la hauteur de la situation dans

Principessa avventurata,

son essai du moins la rappelle vivement à

l'âme du spectateur. Mademoiselle Colbrand et Nozzari chantèrent avec beaucoup de talent et d'adresse ; comme le *maestro*, ils manquèrent un peu d'entraînement et de pathétique.

Au troisième acte, je ne me rappelle plus comment le poète Totola avait amené le passage de la mer Rouge, sans réfléchir que ce passage n'était pas d'aussi facile exécution que la plaie des ténèbres. Par l'effet de la place qu'occupe le parterre, il ne peut, dans aucun théâtre, apercevoir la mer que dans le lointain ; ici il la fallait de toute nécessité sur le second plan, puisqu'il s'agit de la passer. Le machiniste de San-Carlo, voulant résoudre un problème insoluble, avait fait des choses incroyables de ridicule. Le parterre voyait la mer élevée de cinq à six pieds au-dessus de ses rivages ; les loges, plongeant sur les vagues, apercevaient à plein les petits lazzaroni qui les faisaient s'ouvrir à la voix de Moïse. A Paris, rien de plus simple[1] ; mais à Naples, comme les décorations sont souvent magnifiques, l'âme éveillée à ce genre de beauté, refuse de se soumettre aux absurdités trop grossières, et se trouve fort sensible au ridicule. On

---

1. Nous sommes accoutumés à voir les montagnes *faire ombre* sur le ciel ; première scène de *Don Juan*, à la reprise de septembre 1823.

rit beaucoup ; la joie était si franche, qu'on ne put se fâcher et siffler. On n'entendit guère la fin de la pièce ; tout le monde revenait à parler de l'admirable introduction.

 Le lendemain il fut avéré qu'elle était de je ne sais plus quel maître allemand. Pour moi, je me souviens fort bien que j'y trouvais trop d'esprit et des tours d'orchestre écrits trop à la *sans-souci*, si l'on veut me passer ce mot si bien à sa place en parlant de Rossini, pour la croire *germanique*. Cependant, comme en fait de plagiat l'on peut tout attendre de la paresse de Rossini la veille d'une première représentation, je doutais comme les autres, lorsque six semaines après arriva la réponse du pauvre diable de compositeur allemand dont j'ai oublié le nom, lequel protestait, avec toute la bonne foi de son pays, que de sa vie ni de ses jours il n'avait eu le bonheur de faire l'admirable introduction qu'on lui avait envoyée. Alors le succès de *Moïse* prit un vol immense, et les Napolitains furent de plus en plus charmés d'applaudir de la science et de l'harmonie.

 La saison suivante on reprit *Mosè*, et, m'a-t-on dit, avec le même enthousiasme pour le premier acte, et les mêmes éclats de rire au passage de la mer Rouge. J'étais

absent. Je me trouvai à Naples lorsqu'il fut question de la troisième reprise. La veille du jour où l'on devait donner Moïse, un de mes amis se rencontra, sur les midi, chez Rossini, qui paressait dans son lit, comme à l'ordinaire, donnant audience à une vingtaine d'amis, lorsque, pour la plus grande joie de la société, parut le poëte Totola, lequel, sans saluer personne, s'écria : *Maestro! maestro! ho salvato l'atto terzo. — E che hai fatto?* etc. « Maître ! maître ! j'ai sauvé le troisième
« acte. — Eh ! que diable as-tu pu faire,
« mon pauvre ami ? répondit Rossini en
« imitant la manière moitié burlesque,
« moitié pédante de l'homme de lettres ; on
« nous rira au nez comme à l'ordinaire. —
« Maestro, j'ai fait une prière pour les Hé-
« breux avant le passage de la mer Rouge. »
Là-dessus le pauvre poëte crotté tire de sa poche un grand pli de papiers arrangés comme des papiers de procès ; il les remet à Rossini qui se met à lire quelques griffonnages écrits à mi-marge sur le papier principal. Le pauvre poëte saluait en souriant pendant cette lecture : *maestro, è lavoro d'un ora,* répétait-il à voix basse à tous moments. Rossini le regarde : *É lavoro d'un ora, he!* Le pauvre poëte, tout tremblant et craignant plus que jamais quelque mauvaise plaisanterie, se faisait petit ; et

le regardant avec un rire forcé : *Si signor, si signor maestro !* « Hé bien, si tu as mis « une heure pour écrire cette prière, moi « je vais en faire la musique en un quart « d'heure. » A ces mots Rossini saute de son lit, s'assied à une table tout en chemise, et compose la musique de la prière de Moïse en huit ou dix minutes au plus, sans piano, et la conversation continuant entre les amis, et à très haute voix, comme c'est l'usage du pays. « Tiens, voilà ta musique », dit-il au poète, qui disparaît, et il saute dans son lit en riant avec nous de l'air effaré du Totola. Le lendemain, je ne manquai pas de me rendre à San-Carlo. Mêmes transports au premier acte ; au troisième, quand arriva le fameux passage de la mer Rouge, mêmes plaisanteries et même envie de rire. Les rires commençaient déjà à s'établir au parterre, lorsque l'on vit Moïse commencer un air nouveau :

Dal tuo stellato soglio.

C'était une prière que tout le peuple répète en chœur après Moïse. Surpris de cette nouveauté, le parterre écouta et les rires cessèrent tout à fait. Ce chœur, fort beau, était en mineur ; Aaron continue, le peuple chante après lui. Enfin, Elcia adresse au ciel les mêmes vœux, le peuple répond ; à cet instant tous se jettent à genoux et répètent la même prière avec enthousiasme : le prodige est opéré, la mer s'ouvre pour laisser un chemin au peuple protégé du Seigneur. Cette dernière partie est en majeur[1]. On ne peut se figurer le coup de tonnerre qui retentit dans toute la salle ; on eût dit qu'elle croulait. Les spectateurs des loges, debout et le corps penché en dehors pour applaudir, criaient à tue-tête : *bello ! bello ! o che bello !* Jamais je n'ai vu une telle fureur, ni un tel succès, d'autant plus grand qu'on s'apprêtait à rire et à se moquer. Le succès de la *Gazza ladra* à Milan, quoique immense, fut bien plus tranquille à cause du climat. Heureux peuple ! ce n'était plus un applaudissement *à la française* et *de vanité satisfaite*, comme au premier acte : c'étaient des cœurs inondés de plaisir, qui remercient le dieu qui vient de leur verser le bonheur à pleines mains. Qu'on nie, après une telle soirée, que la musique ait un effet direct et physique sur les nerfs ! J'ai presque les larmes aux yeux en pensant à cette prière.

Les Allemands trouvent que *Moïse* est le chef-d'œuvre de Rossini ; rien de plus

---

1. C'est ainsi qu'il faut exécuter cet opéra ; le miracle doit s'opérer durant la prière, à un signe de Moïse qui se tourne vers la mer.

sincère que cette louange ; le maître italien a daigné parler leur langue ; il a été savant, il a sacrifié à l'harmonie.

Quant à moi, *Moïse* me paraît souvent ennuyeux. Je ne nie pas que je n'aie eu beaucoup de plaisir aux dix premières représentations, et qu'une fois par mois, étant bien disposé, cet opéra *chanté supérieurement* ne me fît passer une agréable soirée ; mais il me semble peu dramatique. Les passions n'y sont pas représentées avec une certaine suite, et je ne sais à qui m'intéresser [1]. Les bons ouvrages de Rossini, même médiocrement chantés, me font un plaisir vif trente fois de suite.

Il me semble que, malgré l'école allemande, qui a une succursale au Conservatoire de Paris, et malgré les noms tudesques qui remplissent les orchestres et les salons, cet opéra n'a dû son demi-succès qu'à madame Pasta, qui a un peu relevé le rôle de la jeune Juive Elcia. Son turban y a eu

___

1. Les passions et les amours vulgaires qui remplissent chaque année des centaines de romans nouveaux, sont ce qu'il faut à la musique ; elle se charge, à proportion du génie du maestro, de leur ôter l'air vulgaire et de les élever au sublime. Le superbe poëme de *Job, le Lévite d'Ephraïm*, l'épisode de *Ruth*, sont faciles à arranger en *opera seria*. Je ne parle pas, par respect, de la mort de Jésus, l'un des plus beaux sujets que l'on puisse présenter aux peuples modernes. L'auteur a essayé une tragédie intitulée : *la Passion de Jésus*.

un grand succès ; elle a chanté supérieurement le duetto

Ah ! se puoi cosi lasciarmi [1] !

L'introduction a réussi, grâce au chant délicieux de Zuchelli et à la belle voix de Levasseur, chargé du rôle de Moïse. La prière a enlevé tous les cœurs ; les jours où l'on est bien disposé, l'on ne peut s'empêcher de chanter cette prière à mi-voix toute la soirée.

Moïse fut le premier opéra de Rossini qui lui fut payé d'une manière convenable, il lui valut 4.200 francs ; *Tancrède* n'avait été payé que 600 francs, et *Otello* cent louis. L'usage en Italie est qu'une partition reste pendant deux ans la propriété de l'*impresario* qui a fait travailler le compositeur, après quoi elle tombe dans le domaine public. C'est en vertu de cette législation ridicule que le marchand de musique Ricordi, de Milan, s'est enrichi par les opéras de Rossini, qui ont laissé leur auteur dans une assez grande pauvreté. Loin de retirer un bénéfice annuel de ses opéras, comme cela aurait lieu en France, Rossini est obligé d'avoir recours à la

---

1. Du solo de clarinette si touchant et si noble dans l'ouverture d'*Otello*, Rossini a fait un air pour *Osiride*.

complaisance des *impresari*[1], si, durant les deux premières années, il veut faire donner ses ouvrages sur un autre théâtre que celui pour lequel ils ont été faits et d'ailleurs cette reprise ne lui rapporte rien.

Il n'y a pas de doute qu'en trois jours Rossini ne fît un opéra de Feydeau, et encore fort chargé de musique (8 à 9 morceaux). On lui a souvent conseillé de venir en France, refaire la musique de tous les opéras comiques de Sédaine, d'Hèle, Marmontel et autres bons écrivains qui ont mis des situations dans leurs drames. En six mois, Rossini se serait établi une fortune de deux cents louis de rente, somme fort importante pour lui avant son mariage avec mademoiselle Colbrand. Du reste, le conseil de venir à Paris était détestable. Si Rossini eût vécu six ans parmi nous, il ne serait plus qu'un homme vulgaire ; il aurait trois croix de plus, beaucoup moins de gaieté et nul génie ; son âme aurait perdu de son ressort. Voyez, non pas nos grands artistes, je ne veux pas faire de satire, mais par exemple, la *vie de Goëthe* écrite par lui-même, et particulièrement l'*Histoire de l'expédition de Champagne ;* voilà ce que

---

1. Je demande pardon au lecteur d'avoir conservé plusieurs mots italiens ; je ne trouve pas en France d'usages correspondants, et toute traduction eût été fort inexacte.

gagnent les hommes de génie à se rapprocher des cours. Canova refusa de vivre à celle de Napoléon : Rossini à Paris eût eu des relations continuelles avec la cour ; il n'a eu des rapports qu'avec des *impresari* et des chanteurs, et Rossini, pauvre artiste italien, a cent fois plus de dignité dans sa manière de penser et de juste fierté, que Goëthe, philosophe célèbre. Un prince n'est pour lui qu'un homme revêtu d'une magistrature plus ou moins élevée, et dont il s'acquitte plus ou moins bien.

Il faudrait en France que Rossini fût un homme à reparties, un homme aimable avec les femmes, que sais-je ? un politique. En Italie, la société lui a permis de n'être qu'une chose : un musicien. Un gilet noir, un habit bleu et une cravate tous les matins, voilà, par exemple, un costume qu'on ne lui ferait pas abandonner pour le présenter à la plus grande princesse du monde. Une telle barbarie ne l'a pas empêché d'être assez bien venu des femmes ; en France, on eût dit : C'est un ours. Aussi avons-nous des artistes charmants, qui sont tout au monde, excepté *faiseurs de chefs-d'œuvre*.

CHAPITRE XXVII

DE LA RÉVOLUTION OPÉRÉE DANS LE CHANT PAR ROSSINI

Les Gabrielli, les Todi, les de' Amicis, les Banti, ont passé[1], et il ne reste de ces talents enchanteurs que le retentissement, tous les jours plus faible, des louanges passionnées de leurs contemporains ; ces noms illustres, cités tous les jours, mais tous les jours rappelant un moins grand nombre d'idées et des idées moins nettes, finiront par faire place à des célébrités moins anciennes. Tel est le

---

1. Je cède à la tentation de placer ici quelques traits de ces conversations, si intéressantes pour moi, que je rencontrais quelquefois à Naples. Si l'on trouve quelques idées agréables ou utiles dans les chapitres suivants, elles appartiennent en entier à M. le chevalier de Micheroux, ancien ministre à Dresde. Je dois à cet amateur éclairé des notes pleines de bonté sur plusieurs erreurs où j'étais tombé dans les autres parties de cette biographie. La musique ne laisse pas de traces en Italie ; les articles de journaux sont des hymnes ou des philippiques, et, du reste, présentent rarement quelque chose de positif. Cet ouvrage-ci étant composé d'un grand nombre de petits faits, doit contenir bien des erreurs. Il y a telle date d'une première représentation qui m'a coûté la peine d'écrire vingt lettres, et encore ne suis-je pas trop sûr de l'époque que j'ai adoptée.

sort qui attend également les Le Kain, les Garrick, les Viganò, les Babini, les Giani, les Sestini, les Pacchiarotti. Il en est de même des conquérants ; que reste-t-il d'eux ? Un nom, un bruit, quelque ville brûlée, bien peu de chose de plus que d'un acteur célèbre. Je compte pour peu, comme on voit, l'enthousiasme des âmes communes, adoratrices nées des broderies et du pouvoir[1], et qui vénèrent un roi parce qu'il fut roi, même quand trois mille ans pèsent sur sa tombe. Ces gens-là ôtent leur chapeau en entrant au *tombeau égyptien* du roi Psami. Pour en revenir aux hommes dignes de gloire, en savons-nous beaucoup plus sur Marcellus, l'*épée* de Rome, que sur Roscius ? et dans cinquante ans, M. le Maréchal Lovendhal sera-t-il aussi célèbre que Le Kain ? Encore dans cette gloire des grands capitaines, faut-il faire la part de l'occasion et des facilités, ce qui gâte la gloire. Si Desaix eût été premier magistrat de la France, n'eût-il pas été plus simple, plus noble, plus sublime que Napoléon ? Ne peut-on pas dire : La moitié de la gloire militaire de Napoléon, le dévouement de sa garde, par exemple, et les

1. Les gens qui viennent d'applaudir durant quatre-vingts représentations de suite les insolences de Sylla envers les Romains, c'est-à-dire les mépris de Napoléon pour le peuple français.

marches rapides qu'il en exigea en 1809, il le doit à sa qualité de souverain qui lui permettait de faire en trois mois un général de division d'un colonel qui lui plaisait.

Après ce petit mot adressé aux gens solides qui, en caressant leurs croix, se donnent les airs de mépriser les artistes, je reviens à ces âmes sublimes qui surent mépriser l'antichambre, qui sentirent avec force les passions les plus nobles du cœur humain, et qui, par elles, firent le charme de leurs contemporains.

Nous avons vu naître, sous nos yeux, plusieurs sciences et quelques arts ; par exemple, le goût du pittoresque dans les paysages et dans les jardins d'agrément, était encore inconnu du temps de Voltaire, et nos tristes châteaux bâtis sous Louis XV, avec leurs cours pavées et leurs avenues d'arbres ébranchés, en portent un triste témoignage. Il est assez naturel que les arts les plus délicats, ceux qui cherchent à plaire aux âmes les plus distinguées, soient les derniers à naître.

Peut-être trouvera-t-on de nos jours l'art de décrire avec exactitude le talent de mademoiselle Mars ou celui de madame Pasta, et dans cent ans d'ici ces talents sublimes auront, dans la mémoire des hommes, une physionomie distincte.

Si l'on parvenait à faire un portrait

exact et ressemblant du talent des grandes cantatrices, ce n'est pas seulement leur gloire particulière qui y gagnerait, c'est l'art lui-même qui ferait aussitôt des progrès immenses. De grands philosophes ont pensé que ce qui différencie du génie de l'homme l'instinct admirable de certains animaux, c'est la faculté dont jouit tout individu de l'espèce humaine de transmettre à ses successeurs les progrès, si peu considérables qu'ils soient, qu'il a fait faire à l'art, à l'industrie, au métier dont il s'est occupé toute sa vie. Cette transmission existe d'une manière complète pour les Euclide et les Lagrange ; elle ne se retrouve déjà plus qu'à un certain point pour l'art des Raphaël, des Canova et des Morghen ; pourra-t-on l'établir un jour pour l'art des Davide[1], des Velluti et des Fodor ? Pour faire quelques pas, il faut oser parler nettement et sans emphase de l'art du chant. C'est ce que je vais essayer dans quelques pages d'ici.

Avant tout, dans les beaux-arts, pour être susceptible de plaisir il faut sentir

---

1. Davide le père, qui fut un chanteur aussi célèbre que son fils, reproche vivement à celui-ci de ne pas mettre assez de *douceur* dans son chant, et de trop sacrifier à l'agilité ; un jour, à ce propos, il a voulu le battre. J'ai vu Davide le père chanter au théâtre de Lodi en 1820 ; il avait, disait-on, soixante-dix ans. Il habite Bergame, ainsi que le bon Mayer, l'auteur de *Ginevra di Scozia*.

fortement. Je ferai remarquer en passant que les gens renommés pour leur sagesse, dans une nation comme dans une société particulière, ne sont jamais choisis parmi les êtres qui ont reçu du ciel le don de sentir avec force. Un très petit nombre de ces êtres favorisés, tel qu'Aristote chez les anciens, aura reçu l'étonnante faculté d'analyser aujourd'hui avec une exactitude parfaite, la sensation puissante qui, hier, leur donnait les transports du plaisir le plus vif. Quant au vulgaire des philosophes, doués d'une logique admirable, et qui sur tous les autres objets du savoir ou des recherches de l'homme, leur fait éviter l'erreur, s'ils viennent à s'occuper des *beaux-arts*, où d'abord il faut avant tout avoir senti avec force, ils ne peuvent éviter le ridicule. Tel a été parmi nous le sort de d'Alembert et de tant d'autres qui valent moins que lui.

Ce qui distingue les nations sous le rapport de la peinture, de la musique, de l'architecture, etc., c'est le plus ou moins grand nombre de sensations pures et spontanées que les individus même vulgaires de ces nations reçoivent de ces arts[1]. Des gens qui aimeraient passionnément

---

[1]. Les peuples entre la Meuse et la Loire sentent fort peu la musique ; le sentiment pour cet art renaît déjà vers Toulouse comme dans les environs de Cologne.

une mauvaise musique, seraient plus près du bon goût que des hommes sages qui aiment avec bon sens, raison et *modération*, la musique la plus parfaite qui fut jamais. C'est ainsi qu'un prêtre aimera mieux un sectateur fanatique, superstitieux et furieux du dieu *Fo*, du dieu *Apis*, ou de telle autre divinité ridicule, qu'un philosophe parfaitement raisonnable, ami avant tout du bonheur des hommes, quel que soit le moyen qui le procure, et qui par les lumières de son esprit sera arrivé à la connaissance d'un dieu unique, rémunérateur et vengeur.

Canova racontait une petite anecdote qu'il tenait d'un de ses admirateurs d'Amérique. Il s'agit d'un sauvage qui, il y a quelques années, se trouva vis-à-vis d'une tête à perruque, à *Cincinnati*. Canova montrait un petit écrit de huit lignes ; c'était la traduction des expressions d'étonnement et d'enthousiasme qui échappèrent au sauvage à la vue de cette tête de bois, la première imitation de la figure humaine qu'il eût jamais rencontrée. Ce que la modestie de Canova, le plus doux et le plus simple des hommes, l'empêchait d'ajouter, nous le disions pour lui. Un homme de goût, en voyant son groupe sublime de Vénus et Adonis chez M. le marquis Berio à Naples, où le grand sculpteur nous montre la déesse agitée d'un pressentiment funeste en disant le dernier adieu à son amant qui part pour la chasse où il doit périr ; un homme du goût le plus délicat, en voyant ce chef-d'œuvre admirable de la grâce la plus divine et du sentiment le plus fin[1], exprime son admiration précisément dans les mêmes termes que le sauvage. C'est que dans le fait, l'admiration extrême de ces deux hommes, l'effet produit sur leur âme est absolument le même ; il n'y a d'exception que dans le cas trop commun où l'admirateur de Canova se trouve être un pédant, qui veut d'abord se faire admirer. Toute la différence est dans l'*objet extérieur* qui excite le même degré d'admiration et de ravissement chez des êtres d'ailleurs si différents. Il est trop évident que les paroles d'admiration dans les arts ne prouvent jamais

1. C'est par le *mouvement* que la musique élève l'âme jusqu'aux sentiments les plus délicats, et parvient à les rendre sensibles à des yeux souvent assez grossiers. Un gros millionnaire, ému, arrive à sentir un instant comme un homme d'esprit.

C'est par l'*immobilité* que la sculpture parvient à faire concevoir ce même sentiment délicat. Rossini avait promis, un soir qu'il était sensible, de traduire par un beau duetto ce groupe sublime de Vénus et Adonis que nous admirions à la lueur d'une torche. Je me souviens que le marquis Berio le fit jurer par les mânes de Pergolèse.

J'oserai peut-être imprimer un jour un traité sur le beau idéal dans tous les arts. C'est un ouvrage de deux cents pages, assez inintelligible, et surtout manquant tout à fait de transitions comme le présent chapitre.

que le degré de ravissement de l'homme qui admire et nullement le degré de mérite de la chose admirée.

Lorsqu'un homme vous dit qu'il admire une grande cantatrice, madame Belloc ou mademoiselle Mariani (cette dernière est pour moi le plus beau contralto existant), la première chose dont il faut s'enquérir, c'est si cet homme est né dans une religion où l'on chante bien à l'église. Supposons l'homme le plus susceptible d'être ravi par les *sons* ; s'il est né à Nevers, comment voulez-vous qu'il admire Davide ? Il aimera mieux Dérivis ou Nourrit. C'est tout simple, les trois quarts des *fioriture* que fait Davide lui sont invisibles. L'habitant de Nevers, fort estimable d'ailleurs, qui dans sa ville n'a pas l'occasion d'entendre bien chanter quatre fois par an, sera pour Davide comme nous étions à Berlin pour un peintre qui, dans un morceau d'ivoire grand comme une pièce de vingt francs, avait représenté la bataille de *Torgau*, l'une des victoires du grand Frédéric. Avec nos yeux non armés du secours d'une loupe, nous n'y pouvions rien distinguer. La loupe qui manque à l'habitant de Nevers, c'est le plaisir d'avoir applaudi à cinquante représentations du *Barbier de Séville*, chanté par la voix superbe de madame Fodor. Le jeune

Allemand de la petite ville de Sagan, en Silésie, entend chanter deux fois la semaine à l'église et dans les rues de sa ville, de la musique écrite sans génie, si l'on veut, mais exécutée avec netteté et précision, qualités qui suffisent pour l'éducation de l'oreille. Voilà ce qui manque entièrement à l'habitant de Nevers, ville d'ailleurs bien plus grande et bien plus importante que Sagan.

CHAPITRE XXVIII

CONSIDÉRATIONS GÉNÉRALE : HISTOIRE DE ROSSINI PAR RAPPORT AU CHANT

La musique pourra se glorifier d'avoir fait en France un pas immense, le jour où la majorité des spectateurs répondra tout simplement pour justifier ses applaudissements : *Ce morceau me plaît*[1]. Telle aurait été sans doute la réponse des Athéniens, si quelque étranger était venu leur demander compte des transports qu'excitaient parmi eux les tragédies d'Eschyle ; les traités d'Aristote n'avaient pas encore ouvert la bouche aux gens qui n'ont rien à dire. Chez nous, au contraire, tout le monde aspire à donner le *pourquoi* de son enthousiasme, et l'on n'aurait que du mépris dans les loges de Louvois pour le spectateur qui répondrait avec simplicité : *Je sens ainsi*. Mais ce n'est pas tout,

1. Voir les singuliers raisonnements du *Journal des Débats* d'aujourd'hui (18 septembre 1823). Un homme qui ne sent pas les beaux-arts ne peut jamais arriver, par le raisonnement, qu'à la théorie du récitatif ; le *chant* lui échappe ; une âme sèche ne le sent pas, et le raisonnement en peut y conduire.

nos malheurs vont plus loin : ces spectateurs, jugeant malgré l'absence du sentiment, ont créé des foules d'artistes : poëtes en vertu de La Harpe, ou musiciens par l'effet du Conservatoire. La société de Paris est remplie de ces pauvres gens qui ne peuvent offrir aux arts dans leur jeunesse, que les inspirations d'une âme sèche ; et plus tard, que les soupirs d'un cœur irrité et rendu méchant par le souffle brûlant d'une vanité malheureuse, et le triste effet de cinq ou six chutes honteuses. Quelques-uns de ces pauvres artistes, découragés par le bruit constant des sifflets, et que je tiens réellement pour les plus malheureux des hommes, se font juges ; ils impriment, et nous lisons dans le *Miroir* cette phrase amusante : *la voix sépulcrale de madame Pasta* : en fait de musique, c'est nier la lumière.

Ce qui peut détruire les arts chez une nation ou les empêcher de naître, c'est la quantité de ces juges dont l'âme manque de sensibilité et de *folie romanesque*, mais qui du reste ont étudié avec l'exactitude mathématique et la persévérance d'un caractère froid tout ce qui a été dit ou écrit sur l'art malheureux qu'ils affligent de leur culte. Nous trouvons ici dans la nature, la réalité d'une image qui est devenue un lieu commun dans nos théories poétiques ; l'excès de la civilisation arrêtant les progrès des beaux-arts[1]. Je me refuse les applications odieuses de ces considérations générales, et j'arrive brusquement à l'histoire de Rossini. Lorsque ce grand compositeur entra dans la carrière (1810), de tous les beaux-arts, le chant était peut-être celui qui avait le plus ressenti les effets funestes d'une époque de guerres sublimes et de réactions cruelles. Dans la haute Italie, à Milan, à Brescia, à Bergame, à Venise, depuis 1797[2], on songeait à toute autre chose qu'à la musique et au chant. Le Conservatoire de Milan n'avait encore produit, en 1810, aucun sujet distingué.

A Naples, il n'existait plus un seul de ces *Conservatoires* célèbres qui depuis si longtemps fournissaient à l'Europe les *maestri* et les chanteurs en possession de faire naître ses transports et de lui révéler le pouvoir de la musique. Le chant ne s'enseignait plus que dans quelques églises obscures ; et les deux derniers hommes de

---

1. Les compositeurs sifflés sont les ennemis les plus dangereux de la musique. Les vrais juges en France sont, avant tout, les jeunes femmes de vingt-cinq ans.

2 *Mémorial de Sainte-Hélène*, de M. le comte de Las-Cases, tome IV ; révoltes et enthousiasme de Brescia, de Bergame, de Vérone, etc. ; le tout suivi, en 1799, de treize mois d'une réaction féroce. Aventures curieuses des patriotes déportés aux Bouches du *Cattaro*, décrites par M. Apostoli, de Padoue, dans ses *Lettere Sirmiensi*, 1809.

génie que Naples eût produits, les compositeurs Orgitano et Manfrocci, avaient été enlevés au commencement de leur carrière. Rien ne se présentait pour leur succéder, et l'on ne trouvait plus aux rives du Sebeto que le silence de la nullité ou les essais décolorés de la plus incurable médiocrité.

Babini, ce grand chanteur qui est resté sans rival, avait vu Rossini ; mais sa voix affaiblie par l'âge, n'avait pu que lui raconter les miracles qu'elle produisait autrefois. Crescentini brillait à Saint-Cloud, où il faisait commettre à Napoléon[1] la seule étourderie que ce grand homme ait à se reprocher dans son gouvernement civil ; mais, quoique chevalier de la couronne de fer, il était perdu pour l'Italie.

Marchesi n'était plus au théâtre.

Le sublime Pacchiarotti voyait avec larmes la décadence d'un art qui avait fait le charme et la gloire de sa vie. De quel mépris ne devait pas être inondée l'âme de ce véritable artiste, lui qui jamais ne s'était permis un son ou un mouvement sans le calculer sur les besoins *actuels* de l'âme du spectateur, le but unique de tous ses efforts, lorsqu'il voyait un chanteur n'avoir pour toute ambition que le mérite mécanique

1. *Natum pati et agere fortia*, vers fait pour saint Ignace de Loyola.

de devenir le rival heureux d'un violon[1] dans une variation à trente-deux biscromes[2] par mesure ! L'art le plus touchant autrefois se change tranquillement sous nos yeux en un simple métier. Après les Babini, les Pacchiarotti, les Marchesi et les Crescentini, l'art du chant est tombé à ce point de misère qu'il n'est plus aujourd'hui que l'exécution *fidèle* et inanimée de la note. Voilà en 1823 quel est le point extrême de l'habileté d'un chanteur. Mais l'*ottavino*[3], le gros tambour, le serpenteau des églises, ont la même ambition, et y arrivent à peu près avec le même succès. L'on a banni l'invention du moment, d'un art où les plus beaux effets s'obtiennent souvent par l'improvisation du chanteur ; et c'est Rossini que j'accuse de ce grand changement.

---

1. Plus tard, madame Catalani a chanté les variations de Rode ; il est vrai que le ciel a oublié de placer un cœur dans le voisinage de ce gosier sublime.
2. Stendhal, dans tout ce passage, pense en italien, *biscroma* y veut dire double croche. N. D. L. E.
3. Instrument favori de Rossini. (C'est la petite flûte. N. D. L. E.)

CHAPITRE XXIX

RÉVOLUTION

Je ne réponds pas que les chapitres suivants ne soient au nombre des plus ennuyeux de tout l'ouvrage. J'ai réuni exprès ici tout ce que j'étais obligé de dire sur l'art du chant, afin qu'on pût le sauter plus facilement. Je dois prévenir que les discussions suivantes n'offrent absolument aucun intérêt aux personnes qui ne vont pas très souvent au théâtre Louvois.

Nous avons vu que, par l'effet des circonstances politiques de l'Italie, Rossini, à son entrée dans la carrière, ne trouva qu'un très-petit nombre de bons chanteurs, et encore étaient-ils sur le point de quitter le théâtre. Malgré cet état de pauvreté et de décadence si différents de l'abondance et de la richesse au milieu desquelles avaient écrit les anciens compositeurs, Rossini suivit tout à fait dans ses premiers ouvrages le *style* de ses prédécesseurs ; il respectait *les voix* et ne cherchait qu'à amener le *triomphe du chant*. Tel est le système dans lequel sont composés *Demetrio e Polibio*, l'*Inganno felice*, la *Pietra del Paragone*, *Tancredi*[1], etc. Rossini avait trouvé la Marcolini, la Malanotte, la Manfredini, la famille Mombelli ; pourquoi n'aurait-il pas cherché à faire triompher le chant, lui qui est si bon chanteur, lui qui, lorsqu'il se met au piano pour dire un de ses airs, semble transformer à nos yeux en génie de chanteur tout celui que nous lui connaissons pour l'invention des cantilènes ? Il arriva un petit événement qui changea tout à coup la manière de voir du jeune compositeur, et qui donna à son génie des qualités dont l'exagération fait le tourment de ses admirateurs les plus sincères.

Rossini arrive à Milan en 1814[2], pour écrire l'*Aureliano in Palmira* ; il y trouve Velluti qui devait chanter dans son opéra ; Velluti, alors dans la fleur de la jeunesse et du talent, et l'un des plus jolis hommes de son siècle, abusait à plaisir de ses moyens prodigieux. Rossini n'avait jamais entendu ce grand chanteur, il écrit pour lui la *cavatine* de son rôle.

A la première répétition avec l'orchestre, Velluti chante, et Rossini est frappé d'ad-

---

1. Et les premiers essais de Rossini : *la Cambiale di Matrimonio, l'Equivoco stravagante, Ciro in Babilonia, la Scala di seta, l'Occasione fa il ladro, il Figlio per azzardo.*
2. Il avait vingt-deux ans.

miration ; à la seconde répétition, Velluti commence à broder (*fiorire*), Rossini trouve des effets justes et admirables, il approuve ; à la troisième répétition, la richesse de la broderie ne laisse presque plus apercevoir le fond de la cantilène. Arrive enfin le grand jour de la première représentation : la *cavatine* et tout le rôle de Velluti font fureur ; mais à peine si Rossini peut reconnaître ce que chante Velluti, il n'entend plus la musique qu'il a composée ; toutefois, le chant de Velluti est rempli de beautés et réussit merveilleusement auprès du public[1], qui, après tout, n'a pas tort d'applaudir ce qui lui fait tant de plaisir.

L'amour-propre du jeune compositeur fut profondément blessé ; son opéra tombait et le soprano seul avait du succès. L'esprit vif de Rossini aperçut en un instant toutes les considérations qu'un tel événement pouvait lui suggérer.

« C'est par un hasard heureux, se dit-il
« à lui-même, que Velluti se trouve avoir
« de l'esprit et du goût ; mais qui m'assure
« que dans le premier théâtre pour lequel je
« composerai, je ne rencontrerai pas un autre

1. L'opéra lui-même n'eut pas de succès. Velluti avait eu une dispute avec le célèbre Alessandro Rolla, chef de l'orchestre de la Scala, et il bouda comme un enfant tout le temps des représentations de l'*Aureliano* : il a, dans le fait, tout le caractère d'un enfant, et est entièrement mené par un valet de chambre.

« chanteur qui, avec un gosier flexible et
« une égale manie pour les *fioriture*, ne
« me gâtera pas ma musique de manière à
« la rendre non-seulement méconnaissable
« pour moi, mais encore ennuyeuse pour le
« public, ou tout au plus remarquable par
« quelques détails de l'exécution ? Le dan-
« ger de ma pauvre musique est d'autant
« plus imminent qu'il n'y a plus d'écoles
« de chant en Italie. Les théâtres se rem-
« plissent de gens qui ont appris la musique
« de quelque mauvais maître de cam-
« pagne. Cette manière de chanter des *con-
« certo* de *violon*, des variations sans fin,
« va détruire non-seulement le talent du
« chanteur, mais encore vicier le goût du
« public. Tous les chanteurs vont imiter
« Velluti, chacun suivant la portée de sa
« voix. Nous ne verrons plus de cantilènes
« simples ; elles sembleraient pauvres et
« froides. Tout va changer, jusqu'à la
« nature des voix ; accoutumées une fois
« à broder et à toujours charger une canti-
« lène de grands ornements fort travaillés
« et étouffant l'œuvre du compositeur,
« elles se trouveront bientôt avoir perdu
« l'habitude d'arrêter la voix et de filer
« des sons, et hors d'état par conséquent
« d'exécuter le chant *spianato* et *sostenuto* ;
« il faut donc me hâter de changer le sys-
« tème que j'ai suivi jusqu'ici.

« Je sais chanter ; tout le monde m'ac-
« corde ce talent ; mes *fioriture* seront de
« bon goût ; d'ailleurs je découvrirai sur-
« le-champ le fort et le faible de mes chan-
« teurs, et je n'écrirai pour eux que ce
« qu'ils pourront exécuter. Le parti en
« est pris, je ne veux pas leur laisser de
« place pour ajouter la moindre *appog-*
« *giatura*[1]. Les *fioriture*, les agréments
« feront partie *intégrante* du chant, et
« seront *tous* écrits dans la partition.

« Et quant à MM. les *impresari* qui
« prétendent me payer en me promettant
« pour seize à dix-huit morceaux, tous
« destinés aux premiers rôles, ce qu'on
« donnait jadis à mes prédécesseurs pour
« quatre ou six morceaux tout au plus, je
« trouve un moyen parfait de répondre à
« leur mauvaise plaisanterie ; dans chaque
« opéra trois ou quatre grands morceaux
« n'auront de nouveau que les *variazioni*
« que j'écrirai moi-même. Au lieu d'être
« inventées par un mauvais chanteur, sans
« esprit, elles seront écrites avec goût et
« science ; l'avantage sera encore tout

1. Autant il est agréable d'essayer en français l'analyse des mouvements du cœur ou des opérations de l'esprit, autant l'on trouve de difficultés à écrire sur l'art du chant. Puisque je ne trouve pas de *mots français* pour traduire avec exactitude et clarté les noms des diverses espèces de roulades ou d'ornements, je demande la permission de me servir quelquefois des *mots italiens*. Je suis obligé de sacrifier à la précision et à la clarté.

« entier pour ces coquins d'impresari. »

On sent bien qu'en ma qualité d'historien, je viens d'imiter Tite-Live. J'ai mis dans la bouche de mon héros un discours dont assurément il ne m'a jamais fait la confidence ; mais il est impossible qu'à une époque quelconque des premières années de sa carrière, Rossini n'ait pas eu ce monologue avec lui-même ; ses partitions le prouvent.

Plus tard, à Naples, mademoiselle Colbrand n'ayant plus qu'une voix fatiguée à offrir à tous ses chefs-d'œuvre[1], il fut obligé de fuir encore davantage le chant *spianato*, et de se jeter avec encore plus de fureur dans les *gorgheggi*, seule partie du chant dont mademoiselle Colbrand pût se tirer avec honneur. Un examen attentif des partitions écrites à Naples par Rossini prouve jusqu'où allait sa passion pour la prima donna ; on n'y trouve plus un seul *cantabile spianato*, ni pour elle, ni à plus forte raison pour les autres rôles qui avant tout ne devaient pas éclipser le sien. Rossini ne pensait guère à la gloire ; il est peut-être de tous les artistes celui qui y a jamais le moins songé. Une conséquence

1. Rossini a écrit pour Naples neuf de ses principaux opéras : *Elisabetta, Otello, Armida, Mosè, Ricciardo e Zoraïde, Ermione, la Donna del Lago, Maometto secondo,* et *Zelmira ;* 1815 à 1822.

fatale de ses complaisances pour mademoiselle Colbrand, c'est que ces neuf opéras, composés à Naples, perdent infiniment à être chantés ailleurs. De tout temps d'ailleurs, Rossini avait eu l'habitude de résumer ses pensées, et d'en faire des *cabalette*.

Si mademoiselle Colbrand ne s'était trouvé qu'une portée de voix extraordinaire, on aurait eu la ressource, dans les théâtres où elle n'était pas, de transposer les rôles (*puntare*), et l'on aurait fait disparaître, par ce procédé simple, quelques notes appartenant au diapason singulier pour lequel le maestro aurait écrit. Au moyen de la transposition, deux bonnes cantatrices, quoique avec des voix différentes, peuvent souvent produire un grand effet dans le même rôle[1].

Malheureusement il n'en est pas ainsi de la musique que Rossini a écrite à Naples. On n'a pas seulement à lutter avec l'*étendue* de la voix, mais encore avec la *qualité et la nature des ornements*, et cet obstacle est terrible et presque toujours insurmontable. J'en appelle à tout amateur qui aura lu un rôle (*una parte*) de Davide ou de la Colbrand.

Ainsi Velluti à Milan, dans l'*Aureliano in Palmira*, fit naître chez Rossini l'idée

[1]. L'air *di tanti palpiti* a été chanté avec succès, sous nos yeux, en trois *tons* différents.

de la révolution qu'il devait exécuter plus tard, et mademoiselle Colbrand à Naples le força à donner à cette révolution une extension que je crois fatale à sa gloire. Tous les opéras écrits à Naples forment la seconde manière de Rossini.

CHAPITRE XXX

TALENT SURANNÉ EN 1840

J'ÉCRIS le présent chapitre par un sentiment de tendre pitié pour plusieurs jeunes demoiselles de douze à quinze ans que je vois avec peine chercher à atteindre le *beau idéal* en musique au moyen du piano. C'est en vain qu'on a conseillé à quelques-unes d'entre elles qui avaient un peu de voix, d'apprendre à chanter ; elles ont repoussé cet avis. Il suit de là que dans douze ou quinze ans elles auront en musique un talent aussi suranné que le peut être aujourd'hui celui de leurs grand'mères qui, il y a vingt ans, jouaient fort proprement sur l'épinette de petits airs sautillants. Se trouvant aujourd'hui des pianistes assez distinguées, les jeunes personnes dont je parle ont sans doute de belles jouissances d'orgueil ; mais rien ne diffère plus au monde du doux plaisir que la musique doit inspirer. Les jeunes personnes qui ne savent que bien jouer du piano et lire la musique aussi rapidement qu'une page de français, ne comprennent rien à toutes les *nuances* du chant ; la partie *touchante* de la musique reste pour elles une terre inconnue ; et, à la rapidité de la révolution qui s'opère sous nos yeux, dans quinze ans cette terre inconnue d'aujourd'hui sera la seule à la mode. On se récrie déjà sur le nombre ennuyeux des bons pianistes.

Les jeunes personnes qui savent un peu de musique comprendront facilement que les *nuances* en partie improvisées d'après les exigences actuelles des spectateurs[1], ne peuvent exister que dans le chant, et que ce sont ces nuances qui produisent les miracles de la musique, miracles que l'on prête ensuite aux instruments dans le *discours ordinaire*, mais qu'ils sont incapables de faire naître. Est-ce que jamais de la vie on a fait recommencer une sonate ? Les instruments ne touchent guère ; ils font rarement couler des larmes ; en revanche, ils produisent le froid plaisir de l'admiration pour la difficulté vaincue, et par conséquent tout le monde peut applaudir un concerto. Le cœur le plus froid, doublé de la tête la plus méthodique et d'une patience allemande, réussira cent fois mieux au piano que l'âme de Pergolèse. Je ne crains pas de le dire, on est plus

1. Marchesi changeait chaque soir toutes les *fioriture* de ses rôles. (Milan, 1794.)

musicien dans le vrai sens du mot, en chantant bien la romance de Blondel, de *Richard Cœur de Lion,* qu'en exécutant, à la première vue, une grande fantaisie de Hertz ou de Moschelès. Si l'on chante parfaitement cette romance, on comprendra tous les opéras de Rossini ; on sera sensible aux moindres inflexions de voix de mesdames Fodor et Pasta. Par le piano, poussé à quelque degré d'habileté que l'on veuille le supposer, on sera sensible à l'orchestre de Rossini et aux concertos de violon.

CHAPITRE XXXI

ROSSINI SE RÉPÈTE-T-IL PLUS QU'UN AUTRE ?
DÉTAILS DE CHANT

LE système des variations, *variazioni*, a souvent porté Rossini à se copier soi-même ; comme tous les voleurs, il espérait cacher ses larcins.

Après tout, pourquoi ne serait-il pas permis à un pauvre maestro qui doit composer un opéra en six semaines, malade ou non, bien ou mal disposé, d'user de cet expédient dans les moments où l'inspiration se tait ? Mayer, par exemple, ou tout autre que je ne veux pas nommer, ne se copie pas, il est vrai, mais il nous plonge dans un sentiment d'apathie, suivi bientôt de l'oubli de tous les maux. Rossini, au contraire, ne nous donne jamais ni paix ni trêve ; on peut s'impatienter à ses opéras ; mais certes l'on n'y dort pas : que l'impression soit tout à fait nouvelle, ou seulement un souvenir agréable, c'est toujours du plaisir qui succède à du plaisir ; jamais de vide comme dans le premier acte de la *Rosa bianca*, par exemple.

Tout le monde convient de la fécondité

d'imagination de Rossini, et cependant quatre ou cinq journaux obscurs redisent tous les matins aux demi-savants que Rossini se répète, qu'il se copie, qu'il manque d'invention, etc., etc. ; sur quoi je prends la liberté de faire les questions suivantes :

1º Combien les grands maîtres d'autrefois plaçaient-ils de morceaux capitaux dans chacun de leurs ouvrages ?

2º A combien de ces morceaux le public faisait-il attention ?

3º Parmi ces morceaux, combien réussissaient ?

Paisiello vit peut-être applaudir quatre-vingts morceaux principaux dans ses cent cinquante opéras. Rossini en compterait facilement une centaine réellement différents dans ses trente-quatre opéras. Un sot qui voit des esclaves nègres pour la première fois, s'imagine que tous se ressemblent ; les jolis airs de Rossini sont des nègres pour les sots.

Le plus grand défaut du public de Louvois, le dernier voile qui doit s'abaisser devant ses yeux pour qu'il arrive à la sûreté de goût du public de *San-Carlo* ou de la *Scala*, c'est qu'il veut tout entendre ; il veut pour ainsi dire *profiter de son argent*, il ne veut rien perdre ; il faut que tout soit de la même force ; il faut qu'une tragédie soit composée en entier de mots aussi frappants que le *qu'il mourût !* des *Horaces* ou le *moi !* de *Médée*.

Cette prétention est tout simplement *contre la nature du cœur humain*. Aucun homme *sensible aux arts* ne pourrait trouver du plaisir à trois morceaux sublimes qui se suivraient immédiatement.

Il faut être juste ; le grand obstacle au bon goût du public de Louvois vient :

1º De la petitesse de la salle ;

2º Du trop grand degré de lumière ;

3º De l'absence des loges séparées.

L'enthousiasme, dans une salle *petite*, conduit bientôt à un état nerveux et pénible [1].

J'en suis fâché, parce que cela choque nos idées de convenances ; mais l'âme humaine a besoin de quatre minutes de conversation à mi-voix pour se délasser d'un duetto sublime, et être capable de trouver du plaisir à l'air qui va suivre.

Ce n'est jamais impunément, dans les arts comme en politique, que l'on choque la nature des choses. La vanité peut faire tenir encore pendant dix ans aux usages que j'attaque, et persuader aux gens que parler à l'opéra, c'est se déclarer soi-même un amateur peu passionné. Qu'arrivera-t-il

1. Pourquoi ? C'est un problème que je soumets au savant docteur Edwards.

du silence scrupuleux et de l'attention *continue* ? Que moins de gens s'amuseront à Louvois. Les spectateurs exclus par le malaise *physique*, seront justement ceux qui sont le plus faits pour goûter la volupté d'un beau *chant* et toutes les finesses de la musique. A Louvois, un opéra qui n'a que six morceaux, tous très beaux, va aux nues ; si ces six morceaux sublimes sont entourés de sept ou huit morceaux inférieurs, lesquels, si les pédants n'existaient pas, nous délasseraient et *augmenteraient nos plaisirs*, l'opéra n'a pas de succès. Le public ne veut pas prendre sur lui de ne s'intéresser qu'à ce qui est intéressant ; car alors il faudrait, à la première représentation, qu'il jugeât tout seul comme un grand garçon.

Les premières fois que l'on ouvre les partitions de Rossini, l'on dirait que les difficultés que présente l'exécution du chant condamnent ces partitions à n'avoir qu'un petit nombre d'interprètes ; mais l'on aperçoit bientôt que cette musique offre la réunion de tant de moyens de plaire[1] que, même exécutée avec la moitié seulement des ornements que Rossini y a placés, ou avec les mêmes *fioriture* arrangées d'une manière différente, elle plaît encore.

1. Calculés sur nos besoins *actuels ;* cette musique est éminemment *romantique.*

Un chanteur médiocre, pourvu qu'il ait de *l'agilité*, pourra toujours exécuter avec succès *pour Rossini*, un morceau de ce maître. L'agrément séduisant de la cantilène qui n'est jamais dure ni violente *par excès de force* ; la vivacité ; le rhythme suave des accompagnements produisent par eux-mêmes un tel sentiment de plaisir, que quelques modifications que le chanteur soit obligé, par l'impuissance de sa voix, de faire subir aux *agrémens* des chants de Rossini, sa musique, quoique ainsi mutilée, produit toujours un effet piquant et fort agréable. Il n'en allait pas ainsi autrefois du temps des Aprile et des Gabrielli[1], lorsque le maestro donnait dans ses airs tout l'espace possible au chanteur, et lui fournissait à chaque instant l'occasion de faire valoir son talent. Si le chanteur était médiocre et n'avait que de l'agilité, qualité qui est loin de suffire pour atteindre à la perfection du chant, l'air et le chanteur faisaient *fiasco*.

On pourra dire : Si Rossini avait trouvé en 1814 un grand nombre de bons chanteurs, eût-il pensé à la révolution qu'il a faite, eût-il introduit le système de tout écrire ?

---

1. La Gabrielli ne chantait bien que lorsque son amant était dans la salle. On fait cent histoires en Italie de ses caprices incroyables. Elle était Romaine.

Son amour-propre y eût peut-être songé, mais celui des chanteurs s'y fût vivement opposé ; voyez de nos jours Velluti qui ne veut pas chanter sa musique.

On ira plus loin, on dira : Lequel des deux systèmes est préférable ? Je réponds : L'ancien système un peu modernisé. Il ne faudrait pas, ce me semble, écrire tous les agréments, mais il faudrait restreindre la liberté du chanteur. Il n'est pas bien que Velluti chante la cavatine de l'*Aureliano* de manière à ce qu'elle soit à grand'peine reconnue de l'auteur lui-même ; c'est alors Velluti qui est l'auteur véritable des airs qu'il chante, et il vaut mieux conserver séparés deux arts si différents.

CHAPITRE XXXII

DÉTAILS DE LA RÉVOLUTION OPÉRÉE PAR ROSSINI

LE *beau chant* commença en 1680 avec Pistocchi ; Bernacchi, son élève, lui fit faire d'immenses progrès (1720). La perfection de cet art a été en 1778 sous Pacchiarotti. Depuis l'on n'a plus fait de soprani et il est tombé.

Millico, Aprile, Farinelli, Pacchiarotti, Ansani, Babini, Marchesi, durent leur gloire à ce système des anciens compositeurs, qui dans certaines parties de l'opéra ne leur donnaient presque qu'un *canevas*[1] ; et il n'est pas un, peut-être, de ces grands chanteurs à qui ses contemporains n'aient été redevables du talent de deux ou trois cantatrices excellentes. L'histoire des Gabrielli, de De'Amicis, des Banti, des Todi, nous donne les noms des soprani célèbres

---

1. Les grands chanteurs ne changeaient pas le motif des airs, ils le donnaient avec assez de simplicité, puis commençaient à broder. Ils avaient à la fin de chaque air vingt mesures pour les *Gorgheggi* et autres agréments légers, et enfin l'air de bravoure comme *pria che spunti* dans le *Mariage secret*. Rossini eût écrit les agréments de cet air. Il est du genre qu'on appelle à Naples *aria di narrazione*.

qui leur montrèrent le grand art de conduire la voix.

Plusieurs des premières cantatrices de l'époque actuelle, doivent leur talent à Velluti (mademoiselle Colbrand, par exemple).

C'était surtout dans l'exécution du *largo* et du *cantabile spianato* que brillaient les talents des soprani et de leurs élèves. Nous avons un bel exemple de ce genre de chant dans la prière de *Romeo*. Or voilà précisément l'espèce de cantilènes que Rossini a soigneusement bannie de ses opéras, depuis son arrivée à Naples, et depuis qu'il a adopté ce qu'on appelle en Italie, sa *seconde manière*. Un chanteur travaillait jadis six ou huit ans pour parvenir à chanter le *largo*, et la patience de Bernacchi est célèbre dans l'histoire de l'art. Arrivé une fois à ce point de perfection, de pureté et de *douceur de son* nécessaire en 1750 pour bien chanter, il n'avait plus qu'à recueillir, sa réputation et sa fortune étaient faites. Depuis Rossini, personne ne songe à chanter bien ou mal un *largo*, et si l'on présentait un de ces morceaux au public, je vois d'ici certain mot relatif au diable et à son enterrement qui se trouverait sur toutes les lèvres ; le public croirait mourir d'ennui : c'est tout simplement qu'on lui parle une langue étrangère qu'il croit savoir, mais que dans le fait il a besoin d'apprendre.

Le chant ancien touchait l'âme, mais quelquefois pouvait paraître languissant. Le chant de Rossini plaît à l'esprit et jamais n'ennuie. Il est cent fois moins difficile d'acquérir le talent de bien chanter un grand *rondo* de Rossini, celui de la *Donna del Lago* par exemple, que celui qu'il faut pour bien chanter un grand air de Sacchini.

Les nuances pour les tenues de voix, le chant de *portamento*[1], l'art de modérer la voix pour la faire monter également sur toutes les notes dans le chant *legato*, l'art de reprendre la respiration d'une manière insensible et sans rompre le long période vocal des airs de l'ancienne école, composaient autrefois la partie la plus difficile et la plus nécessaire de l'exécution. L'agilité plus ou moins brillante de l'organe ne servait que pour les *gorgheggi*, c'est-à-dire, n'était employée que pour le luxe, que pour l'apparat, en un mot que pour ce qui brillait, et jamais pour ce qui faisait

---

1. Je trouve une difficulté presque insurmontable à parler du chant en français. Voici ce petit passage en italien: « Le ombreggiature per le messe di voce, il cantar di por- « tamento, l'arte di fermare la voce per farla fluire egua- « le nel canto legato, l'arte di prender fiato in modo insen- « sibile e senza troncare il lungo periodo vocale delle arie « antiche . »

les délices du cœur. Il y avait à la fin de chaque air, à la *cadenza*, vingt mesures destinées uniquement à faire briller le gosier du chanteur, à faire des *gorgheggi*.

Les amis les plus sincères de Rossini reprochent avec raison, à la révolution qu'il a opérée en musique, d'avoir resserré les limites du chant, d'avoir *diminué* les qualités *touchantes* de ce bel art ; d'avoir rendu inutiles aux chanteurs certains exercices, desquels dérivaient ensuite ces *transports de folie* et de bonheur si fréquents dans l'histoire de Pacchiarotti et de la musique ancienne, et si rares aujourd'hui. Ces miracles provenaient *du pouvoir de la voix*.

La révolution rossinienne a tué l'originalité des chanteurs. A quoi bon pour ceux-ci se donner des peines infinies pour parvenir à rendre sensibles au public, 1° les qualités *individuelles* et *natives* de leurs voix ; 2ᵉ l'expression particulière que leur manière de sentir peut lui donner ? Ils sont condamnés à ne jamais trouver dans les opéras de Rossini ou de ses imitateurs, une seule occasion de montrer au public, ces qualités dont l'acquisition leur coûtera des années entières de travaux assidus. D'ailleurs, l'habitude de trouver tout inventé, tout écrit, dans la musique qu'ils doivent chanter, leur ôte tout esprit d'invention et les rend paresseux. Les compositeurs ne leur demandent plus avec leurs partitions actuelles qu'une exécution pour ainsi dire *matérielle* et *instrumentale.* Le *lasciatemi fare* (je me charge de tout) de Rossini avec ses chanteurs, en est venu à ce point que ceux-ci n'ont plus même la faculté de composer le *point d'orgue* ; presque toujours ils trouvent que Rossini l'a brodé à sa manière.

Autrefois les Babini, les Marchesi, les Pacchiarotti, inventaient les ornements compliqués, surtout ils appliquaient, suivant l'inspiration de leur talent *et de leur âme*, les ornements les plus simples, tels que les *appoggiature*, le *grupetti*, les *mordenti*, etc. ; toute la parure du chant (*i vezzi melodici del canto*), comme disait Pacchiarotti (Padoue, 1816), appartenait de droit au chanteur. Crescentini donnait à sa voix et à ses inflexions une teinte vague et générale de *contentement* dans l'air : *ombra adorata, aspetta* ; il lui semblait *au moment où il chantait* que tel devait être le sentiment d'un amant passionné qui va rejoindre ce qu'il aime. Velluti, qui comprend la situation d'une manière différente, y met de la mélancolie et une réflexion triste sur le sort commun des deux amants. Jamais un maestro quelque habile que vous veuillez le supposer, n'arriverait à noter exactement l'*infiniment petit*, qui forme la perfection du chant dans cet air de Crescentini, infiniment petit qui change d'ailleurs suivant l'état de la voix du chanteur, et le degré d'enthousiasme et d'illusion dont il est animé. Un jour, il est disposé à exécuter des ornements remplis de mollesse et de *morbidezza*; un autre jour, ce sont des *gorgheggi* pleins de force et d'énergie qui lui viennent en entrant en scène. Pour atteindre à la perfection du chant, il faut qu'il cède aux inspirations du moment. Un grand chanteur est un être essentiellement nerveux. C'est le tempérament contraire qu'il faut pour bien jouer du violon[1] ; enfin le maestro ne doit pas écrire tous les agréments, car il faut une connaissance intime et parfaite de la voix à employer, qui ne se rencontre guère que chez l'artiste qui la possède et

1. Paganini, le premier violon d'Italie et peut-être du monde, est dans ce moment un jeune homme de trente-cinq ans, aux yeux noirs et perçants, et à la chevelure touffue. Cette âme ardente n'est pas arrivée à son talent sublime par huit ans de patience et de conservatoire, mais par une erreur de l'amour qui, dit-on, le fit jeter en prison pour de longues années. Solitaire et abandonné dans une prison qui pouvait finir par l'échafaud, il ne lui resta dans les fers que son violon. Il apprit à traduire son âme par *des sons* ; et les longues soirées de la captivité lui donnèrent le temps d'être parfait dans ce langage. Il ne faut pas entendre Paganini lorsqu'il cherche à lutter avec des violons du Nord dans de grands concertos, mais lorsqu'il joue des caprices, une soirée qu'il est en verve. Je me hâte d'ajouter que ces caprices sont plus *difficiles* qu'aucun concerto.

qui a passé vingt ans de sa vie à l'étudier et à l'assouplir[1]. Un agrément, je ne dirai pas mal exécuté, mais exécuté mollement, sans *brio*, détruit le charme en un clin d'œil. Vous étiez au ciel, vous retombez dans une loge d'opéra, et quelquefois dans une classe de chant.

___

1 Velluti prépare trois espèces d'agréments pour le même passage ; au moment de l'exécution, il emploie celui pour lequel il se sent de la facilité ; au moyen de cette précaution, ses agréments ne sont jamais *stentati* (forcés).

CHAPITRE XXXIII

EXCUSES. — ORIGINALITÉ DES VOIX, EFFACÉE PAR ROSSINI

Rien n'étant si futile que la musique, je sens bien qu'il est fort possible que le lecteur se scandalise de me voir faire gravement un nombre infini de petites remarques, ou raconter quelques anecdotes sans chute piquante, et d'ailleurs surchargées de ces grands mots de *beau idéal*, de *bonheur*, de *sublime*, de *sensibilité*, que je prodigue trop.

Ce manque d'intérêt sérieux me plaît dans la musique ; je suis las des intérêts sérieux, et je regrette le temps où les colonels faisaient de la tapisserie, et où l'on jouait au bilboquet dans les salons. J'ai vu mon siècle, il est avant tout *menteur*[1] ; d'après cette idée, si j'ai eu un soin constant, c'est de ne rien *exagérer par le style*, et d'éviter avant tout d'obtenir quelque effet par une suite de con-

1. Je viens de rencontrer un jeune homme de vingt-deux ans, qui a fait une tragédie reçue aux Français ; son grand soin, en me parlant, a été de se moquer beaucoup du système tragique dans lequel il a travaillé.

sidérations et d'images d'une chaleur un peu forcée, et qui font dire à la fin de la période : Voilà une belle page. D'abord, entré fort tard dans le champ de la littérature, le ciel m'a tout à fait refusé le talent de parer une idée et d'exagérer avec grâce ; ensuite, à mes yeux, il n'y a rien de pis que l'exagération dans les intérêts tendres de la vie. On obtient un effet d'un moment qui, un quart d'heure après, crée un sentiment de répugnance ; et le lendemain on ne reprend pas le livre ; on se dirait presque : Je n'ai pas assez de vivacité dans le cœur aujourd'hui (*high spirits*) pour me plaire à être trompé avec esprit. Ce n'est pas, ce me semble, pour donner des jouissances dans les moments où l'âme est pleine de feu et de bonheur que sont faits les beaux-arts ; alors on n'a que faire de leur secours, et il n'y a qu'un sot qui ouvre un livre quand il est heureux. La tâche des beaux-arts est de bien plus longue durée, et bien mieux calculée sur les chances ordinaires de la vie. Les beaux-arts sont faits pour consoler. C'est quand l'âme a des regrets, c'est durant les premières tristesses des jours d'automne de la vie, c'est quand on voit la méfiance s'élever comme un fantôme funeste derrière chaque haie de la campagne, qu'il est bon d'avoir recours à la musique.

Or, ce que l'on abhorre le plus dans cette situation de l'âme, c'est l'exagération. Partout où j'ai rencontré une idée susceptible de donner une période à chute brillante, j'ai *diminué* ce qui me semble la vérité, pour que le petit plaisir du moment ne causât pas méfiance et dégoût un quart d'heure après. Une femme d'un esprit délicat qui venait de perdre un ami intime, osait dire, avec toute la liberté du discours familier, à un ami qui lui restait : L'esprit de monsieur un tel était pour moi, lorsque j'avais du chagrin, comme ces bons sophas de velours, bien élastiques, où dans les moments de fatigue l'on a tant de plaisir à se placer bien à son aise. Voilà un peu le genre de plaisir et de consolation que j'ai trouvé dans la musique. Cet art donne des regrets tendres en procurant la *vue du bonheur;* et faire voir le bonheur, quoique en songe, c'est presque donner de l'espérance. J'ai vingt fois quitté les livres d'un des hommes rares que la France ait produits, je me disais : Ce n'est qu'un rhéteur. N'ayant pas la plus petite étincelle de sa rare éloquence, j'ai surtout cherché à éviter le défaut qui me rend Rousseau illisible[1]. Mais revenons

1. Il me semble qu'à Genève l'on fait assez peu de cas de Rousseau ; en revanche, la réputation de ce Voltaire si léger, si moqueur, si anti-religieux, si anti-Genevois.

à cet art charmant pour lequel il a écrit des pages brûlantes.

Les dilettanti passionnés, nés du temps de Rossini, et pour ainsi dire fils de la révolution qu'il a faite, me permettront de leur raconter les avantages qui dérivaient pour l'expression, c'est-à-dire, en d'autres termes, pour le plaisir du spectateur, du respect pour les droits des chanteurs dignes de ce nom.

Les voix humaines n'ont pas moins de diversités entre elles que les physionomies. Ces diversités, que nous trouvons dans les voix *parlées*, deviennent cent fois plus frappantes encore dans les voix qui chantent.

Le lecteur a-t-il jamais fait attention au son de voix de mademoiselle Mars ? Où trouver une voix chantante qui tienne la centième partie des miracles que promet cette voix lorsqu'elle nous dit un mot tendre de Marivaux ?

L'attendrissement, l'étonnement, la terreur, etc., vont produire des changements différents dans les voix de ces trois femmes avec lesquelles nous parlons musique ; et *l'attendrissement*, par exemple, dans une de ces voix, qui en parlant n'a rien de fort

me semble croître chaque jour ; c'est qu'après tout Voltaire a fini par mourir avec quatre-vingt mille livres de rente.

remarquable, va produire une espèce de son délicieux, et qui, en un clin d'œil, par un effet électrique et nerveux disposera tout un auditoire à la mélancolie. Avec le système de Rossini, cette variété, cette nuance particulière des voix ne paraîtra jamais. Toutes les voix chantent plus ou moins bien la même musique ; voilà tout : donc l'art est *appauvri*[1].

Toutes les voix ont dans leur son naturel (dans leur *metallo*) une correspondance plus ou moins manifeste avec l'expression de tel ou tel sentiment. J'entends par *metallo* le *timbre* d'une voix, sa qualité native, laquelle est tout à fait indépendante du talent que le chanteur qui emploie cette voix peut avoir ou ne pas avoir.

Une voix pure ou voilée, faible ou forte, pleine ou *sottile*, criarde ou à sourdines [2], possède en soi des éléments naturels d'expressions diverses, et par elles-mêmes plus ou moins agréables.

Pourvu qu'une voix soit juste et puisse soutenir le son d'une manière ferme, on peut avancer qu'on trouvera tôt ou tard le moyen de la rendre agréable, au moins pour quelques instants. Il suffit que le

---

[1]. Il ne s'agit pas de la voix particulière pour laquelle Rossini a noté tous les agréments. Mademoiselle Colbrand doit à Rossini une partie de sa gloire.

[2]. On dirait en italien : *Una voce pura o velata, debole o forte, piena o sottile, stridula o smorzata.*

compositeur veuille bien se donner la peine de trouver une cantilène dans les intervalles *expressifs* de cette voix. Il faut d'abord *que la situation* donnée par le poëte ne soit pas contraire à la qualité native de cette voix. Est-elle douce, tendre, touchante ; si la situation est impérieuse et forte comme celles du rôle de l'*Élisabeth* de Rossini, il est évident que la voix dont nous parlons, ne trouvera jamais l'occasion de briller et de faire plaisir. Tout le talent possible, toute la sensibilité que peut avoir un chanteur, ne font rien au *metallo* de sa voix. On n'arrive aux miracles dans cet art qu'autant qu'une voix assouplie par de longues études trouve une situation qui requiert précisément le *metallo* (la nuance d'expression native, le timbre) qu'elle possède. C'est parce que toutes ces circonstances, si difficiles à réunir qu'on ne peut en quelque sorte jamais les prévoir, se rencontraient pour son bonheur, que le public de *la Scala* faisait répéter *cinq fois de suite* le même air à Pacchiarotti[1].

Une fois l'originalité des voix admise, on voit paraître pour les compositeurs

1. Pacchiarotti lui-même a bien voulu me donner ces idées en me montrant son joli jardin anglais et sa tour du cardinal Bembo, près le *Prato della Valle*, à Padoue, 1817. Voir le Voyage intitulé *Rome, Naples et Florence en* 1817.

le devoir de tirer parti des qualités *natives* de chaque voix, et par conséquent d'éviter ses inconvénients. Quel maestro serait assez peu adroit pour confier à madame Fodor un récitatif passionné, ou à madame Pasta un air surchargé de petits ornements rapides et brillants ? De là vient l'usage si commun en Italie pour les chanteurs du second ordre [1] de voyager avec des airs appelés *di baule* (de bagage, qu'on porte avec soi comme un vêtement). Quelque musique qu'un maestro compose et donne à chanter à ces artistes du second ordre, ils trouvent toujours le secret d'y placer, en tout ou en partie, leurs airs de *baule*, ce qui fait un sujet éternel de plaisanterie dans les théâtres d'Italie.

Toutefois, par cette pratique, ces chanteurs peu habiles atteignent le grand but de tous les arts : *ils font plaisir.* Voyez-vous la distance immense où nous sommes de notre orchestre de Louvois, et du système actuel de la musique dans cette salle ?

Par l'effet d'un simple changement dans le mouvement, la phrase principale d'un air peut présenter un sens presque entièrement différent. Telle phrase qui peignait la fureur n'exprimera plus que le dédain,

---

[1]. Et bien souvent du premier ; Crivelli et Velluti ne voyagent plus qu'avec l'*Isolina* de Morlachi, opéra qu'ils donnent partout.

et cependant, malgré ce changement dans l'expression, la voix du pauvre chanteur, accoutumé à cette phrase, la chantera encore fort bien, et de manière à faire grand plaisir. C'est que cette phrase principale s'accorde mieux que toute autre : 1º avec les qualités *natives* de la voix du chanteur ; 2º avec le genre de sensibilité qu'il tient de la nature ; 3º enfin, avec le degré d'habileté qu'il a pu acquérir dans les Conservatoires. Par ce système, l'on n'a jamais de chant *stentato* (forcé) ; c'est le grand défaut du chant de Feydeau, qui toutefois est de quarante ans moins barbare que celui du grand Opéra.

On voit que l'on peut être chanteur du premier ordre et ne pas savoir lire la musique. Le talent de lire est un talent tout à fait différent[1], et qui ne requiert que de la patience et un caractère méthodique et froid.

Un seul opéra, quelquefois un seul air, fait, en Italie, la fortune d'un chanteur médiocre ; celle d'un artiste du premier ordre tenait, avant Rossini, à dix ou douze airs tout au plus. L'art du chant est si délicat, le plaisir tient à si peu de chose,

1. En Italie, on appelle ces chanteurs qui lisent difficilement, *orecchianti* ; la qualité contraire est exprimée par le mot *professore*. On vous dira à Florence : *Zuchelli è un professore* ; ce qui ne veut nullement dire que Zuchelli donne des leçons, mais qu'il sait fort bien la musique.

qu'un chanteur n'aura jamais de succès véritable qu'autant qu'il réunira dans un air toutes les convenances que nous avons indiquées plusieurs fois. Rien n'est donc mieux calculé pour le plaisir des spectateurs que les airs *di baule*. On peut suivre de l'œil la vérité de ce principe jusque dans l'art théâtral ; avec combien de rôles mademoiselle Mars et Talma ont-ils fait leur réputation ? Le système des airs *di baule* est fort bien inventé, non-seulement par rapport à la médiocrité naturelle des talents dans un art si difficile, mais aussi par rapport à l'extrême médiocrité des ressources de beaucoup de petites villes d'Italie qui, malgré la pauvreté de leur budget, ne laissent pas d'avoir chaque année deux ou trois opéras très passables au moyen des airs *di baule*, et de la réunion de deux ou trois chanteurs médiocres qui chantent fort bien un air ou deux chacun [1].

Dès que le maestro oublie d'avoir égard au *metallo* des voix de ses chanteurs (aux qualités natives de leurs voix), au genre de sensibilité qu'ils portent dans leurs rôles, au degré de talent qu'ils ont acquis

---

1. J'ai trouvé, en octobre 1822, un opéra charmant à Varèse, ville de Lombardie aussi grande que Saint-Cloud, et dont les habitants sont remarquables par une obligeance parfaite envers les étrangers.

comme chanteurs (à la *bravura*), il court le risque presque certain d'arriver, après tous ses efforts, à un opéra chanté correctement, mais qui ne fera de plaisir à personne.

Supposons un chanteur qui ne puisse exécuter que d'une manière forcée (*stentata*) les *volate*, les *arpeggi*, les *salti* descendants ; si le compositeur n'évite pas avec le plus grand soin ces moyens de mélodie, ses chants dans l'exécution peuvent arriver à ce point de ridicule, d'exprimer tout le contraire de ce qu'il aura voulu dire. Si l'on veut me passer un peu de simplicité dans l'expression et même dans les idées, je vais expliquer fort clairement ma pensée. Pour représenter aux yeux de l'âme la chute rapide et non interrompue des eaux du ciel, ou l'ordre qu'un despote de l'Orient donne à l'un de ses esclaves de disparaître à l'instant de sa présence, le maestro aura orné sa cantilène d'une *volata discendente*; rien de mieux dans la partition. Arrive le grand jour de la première représentation et le chanteur malhabile, au lieu de nous présenter l'idée d'un roi tout puissant qui donne un ordre respecté, fera penser toute une salle à la fois à la colère risible d'un vieux procureur bègue, se mettant en fureur au fond de son étude. S'il ne tombe pas jusqu'à ce degré de ridicule, du moins sa *volata* étant mal exécutée, l'idée de *rapidité* ne s'offrira pas à l'auditeur, et l'ordre terrible du despote qui veut que l'on disparaisse à l'instant de sa présence, ne sera plus qu'une invitation fort modérée de quitter la cour quand cela sera commode au personnage exilé. Je prie de remarquer qu'il n'est pas un seul des ornements exécutés par la voix de Velluti, sur lequel on ne puisse établir un raisonnement analogue. A chaque instant, loin de l'Italie, je vois dire à la musique de Rossini presque le contraire de ce qu'il a voulu exprimer ; c'est que sa partition a forcé le chanteur à faire tel ou tel ornement auquel souvent sa voix ne peut pas atteindre. Alors je n'entends qu'à demi ou aux trois quarts telle cantilène de Rossini que j'ai dans l'oreille. On sent que le système de la musique ancienne ne créait pas la possibilité d'un tel inconvénient. Après l'obstacle facile à éviter de quelques sons extrêmement élevés (obstacle provenant de la voix extraordinaire de l'artiste pour qui le compositeur avait écrit), les chanteurs se trouvaient tout à fait les maîtres de faire usage des seuls ornements de l'effet desquels ils étaient sûrs ; et rien ne les empêchait de présenter à l'admiration du spectateur les beautés individuelles de leur voix et de leur talent.

Quelque dilettante instruit et qui se sera donné le plaisir d'étudier les voix des chanteurs qui ont paru dans les neuf opéras écrits à Naples par Rossini, m'objectera que souvent ce maître n'a pas tiré parti de tous les avantages que présentait le genre de voix particulier à chacun d'eux. Je n'ai rien à répondre, si ce n'est qu'apparemment le compositeur était amoureux de sa *prima donna*, et ne voulait pas qu'elle fût éclipsée.

A cette exception près, le chant de Rossini dans ses opéras de Naples est la biographie non-seulement de la voix de mademoiselle Colbrand, mais encore de celles de Nozzari, de Davide, de madame Pisaroni, etc. On voit dans ces partitions que tous les ornements que les chanteurs pouvaient autrefois appliquer *ad libitum*, sont devenus parties constitutives, nécessaires et *indispensables* des chants de Rossini : or, comment parvenir à rendre ces chants, lorsque le chanteur n'a pas dans la voix le même genre de facilité que Nozzari ou Davide ?

Les opéras de la seconde manière de Rossini ne sont jamais ennuyeux comme un opéra *vide* de Mayer, par exemple ; mais ils ne produisent l'effet enchanteur qu'ils obtinrent à Naples que quand, par hasard, ils rencontrent un chanteur qui a précisément dans la voix *le même genre d'agréments et de facilité* que l'artiste pour lequel le rôle a été écrit.

On voit comment tel opéra qui a eu un succès fou à Naples peut sembler fort ennuyeux à Louvois. Les deux publics ont raison ; et il n'est point nécessaire d'aller chercher bien loin des causes métaphysiques pour cet effet tout simple. Le tort est tout entier aux directeurs. Quoi de plus impertinent, par exemple, que la dernière reprise des *Horaces?* En Italie, on eût demandé les directeurs du théâtre, et ils auraient paru sur la scène pour être sifflés en leur nom [1].

Quel que soit le système adopté par Rossini, à force de génie, d'imagination et de *rapidité*, il n'est jamais ennuyeux ; mais figurez-vous le singulier effet de la musique de ses imitateurs lorsqu'elle vient à être jouée dans un autre théâtre que celui pour lequel ils ont travaillé. Ainsi que la musique de Rossini, elle est presque entièrement tissue avec les agréments qu'exécutent bien les chanteurs pour lesquels ils ont écrit, agréments desquels ils ont fait des motifs. Ces motifs étant mal exécutés par des chanteurs dont la voix s'y refuse,

---

[1]. Un entrepreneur n'eût jamais eu l'audace de donner *les Horaces* avec les voix qu'on nous a présentées. Il faut mettre Louvois en entreprise comme *la Scala*.

on arrive à ce degré de médiocrité intolérable dans les beaux-arts et dans la musique plus que partout ailleurs.

Il va sans dire que toutes ces critiques du système de Rossini ne s'appliquent nullement aux temps heureux où il écrivait :

Ecco pietosa !...
Di tanti plapiti,...
Pien di contento il seno ;...
Non è ver mio ben, ch'io mora...
Se tu m'ami, o mia regina, etc.

Ce qu'il y a d'affreux, c'est que s'il eût continué à marcher dans la même route, probablement il eût fait encore mieux que ces airs sublimes. Il est un peu revenu vers le temps de sa jeunesse dans quelques airs de la *Donna del Lago ;* il a été vraiment *ossianique*. Mais cet opéra est beaucoup plus épique que dramatique.

Ai-je besoin de répéter que Velluti, le prince des chanteurs actuels, tout en exécutant les difficultés les plus étonnantes, abuse souvent de ses moyens au point d'opprimer les chants du maestro, et de les rendre fort difficiles à reconnaître ? Jamais Velluti ne donne le plaisir d'entendre un chant simple. Il ne chante presque jamais la musique de Rossini. Velluti veut avant tout voir des transports d'admiration dans la salle ; il y est accoutumé. Or, il ne peut pas, par exemple, exécuter les *scale in giù* (les gammes en montant), ornement si facile à mademoiselle Colbrand et si prodigué pour elle. Il suit de là que toute la musique écrite pour mademoiselle Colbrand ou ne peut être exécutée par Velluti, ou ne produirait qu'un effet médiocre, et n'aurait pour tout résultat qu'un succès d'estime.

CHAPITRE XXXIV.

QUALITÉ DE LA VOIX.

UN cor de chasse s'entend dans les montagnes d'Écosse, bien au delà de la portée de la voix de l'homme. Voilà le seul rapport sous lequel l'art soit parvenu à surpasser la nature, la *force du son*. Sous le rapport bien autrement important de l'accentuation et de l'agrément, la voix de l'homme est encore supérieure à tous les instruments, et l'on peut même dire que les instruments ne plaisent qu'à proportion qu'ils parviennent à se rapprocher de la voix humaine.

Il me semble, que si dans un moment de tranquillité pensive et de douce mélancolie, nous voulons interroger notre âme avec soin, nous y lirons que le charme de la voix provient de deux causes :

1º La teinte de passion, qu'il est impossible qu'une voix ne porte pas dans ce qu'elle chante. La voix des cantatrices les plus froides, mesdames Camporesi, Fodor, Festa, etc., exprime toujours, à défaut d'autre sentiment, une certaine joie vague. Je ne cite pas madame Catalani ; sa voix miraculeuse produit cette sorte d'impression qui remplit l'âme à l'aspect d'un prodige. Ce trouble de notre cœur nous empêche d'abord d'apercevoir la belle et noble impassibilité de cette cantatrice unique. On peut se figurer, par plaisir, la voix de madame Catalini réunie à l'âme passionnée et au talent dramatique de madame Pasta. En suivant un instant ce roman, on trouvera des regrets, mais en revanche on restera convaincu que la musique est le plus puissant des beaux-arts [1].

2º Le second avantage de la voix, c'est la parole ; elle indique à l'imagination des auditeurs le genre d'images qu'ils doivent se figurer.

Si la voix humaine, comparée aux instruments, a moins de force, elle possède à un degré bien autrement parfait le pouvoir de graduer les sons.

La variété des inflexions, c'est-à-dire, l'impossibilité pour la voix, d'être *sans passion*, l'emporte de beaucoup à mes yeux sur l'avantage de prononcer des paroles.

[1]. Quels plaisirs ravissants ne devrions-nous pas à Romberg par son violoncelle, s'il avait l'âme passionnée de Werther au lieu de l'âme candide et honnête d'un bon bourgeois allemand ! Mademoiselle de *Schauroth*, âgée de neuf ans, et pianiste célèbre, annonce toute la folie du génie.

Les mauvais vers qui forment un air italien, d'abord, par l'effet des répétitions de paroles, ne sont pas entendus comme vers ; c'est de la prose qui arrive à l'oreille des spectateurs [1] : ensuite ce ne sont pas les mots les plus forts, tels que *je vous hais à la mort*, ou *je vous aime à la folie*, qui font la beauté d'un vers ; ce sont les *nuances*, soit dans la position des mots, soit dans les paroles elles-mêmes, qui *prouvent* la vérité de la passion et qui réveillent notre sympathie : or, les nuances ne peuvent pas être admises, faute de place, dans les cinquante ou soixante mots qui forment un air italien ; donc les paroles ne peuvent jamais être qu'un simple *canevas ;* c'est la musique qui se charge de le couvrir de brillantes couleurs.

Exigez-vous une nouvelle preuve que les paroles ne sont dans la musique que pour y remplir des fonctions très secondaires, et pour n'y servir en quelque sorte que comme *étiquettes du sentiment?* Voyez un air chanté avec l'accent de la passion, par madame Belloc ou mademoiselle Pisaroni, et le même air chanté un instant après par quelque savante serinette du Nord. La chanteuse froide prononcera les

[1]. Transcrire dans la partition des *Horaces*, les paroles de l'air célèbre *Quelle pupille tenere*, telles qu'elles sont chantées.

mêmes paroles : *io fremo, mio ben, morir mi sento;* le tout sans dissiper la glace qui pèse sur nos cœurs.

Une fois que nous avons saisi deux ou trois mots qui nous apprennent que le héros est au désespoir, ou au comble du bonheur, fort peu importe que nous entendions bien distinctement les paroles du reste de l'air ; l'essentiel, c'est qu'elles soient chantées avec l'accent de la passion. De là vient qu'on assiste avec un sensible plaisir à un opéra bien chanté, quoique les paroles soient dans une langue étrangère ; il suffit qu'une personne de la loge vous donne le *mot* des principaux airs. C'est ainsi que l'on peut voir avec plaisir un excellent acteur tragique jouant dans une langue dont on comprend à peine quelques paroles. Je conclurai de ces observations que l'*accent* des paroles a beaucoup plus d'importance en musique que les paroles elles-mêmes.

L'expression est le premier mérite d'un chanteur.

Tous les succès que l'on peut obtenir dans l'art du chant, sans ce genre de mérite ou avec une faible part d'expression, sont de peu de durée, ou peuvent se rapporter à une partialité accidentelle de la part des spectateurs, et qui provient de quelque cause étrangère à l'art : la beauté d'une actrice, ses bons sentiments politiques, etc.

On cite en Italie des prophéties singulières, et dont l'accomplissement a été ponctuel. Un amateur de Naples parlant de deux cantatrices, l'une portée aux nues par le public, l'autre à peine tolérée, s'écria au milieu du parterre de San-Carlo, dans un de ces mouvements d'indignation passionnée et d'enthousiasme qui ne sont pas rares en ce pays : « Encore trois ans, « et vous mépriserez ce que vous applau- « dissez ; encore trois ans, et vous porterez « aux nues ce que vous négligez. » A peine dix-huit mois s'étaient écoulés, que la prophétie était accomplie ; la cantatrice qui chantait avec expression l'avait entièrement emporté sur celle qui avait reçu de la nature une beaucoup plus belle voix. C'est à peu près comme dans la société un très bel homme et un homme d'infiniment d'esprit. La même révolution dans le goût du public napolitain aurait eu lieu, quoique moins rapidement, si la cantatrice sans expression, au lieu d'une voix superbe (don gratuit du hasard) avait chanté *di bravura* (avec beaucoup d'acquis).

CHAPITRE XXXV

MADAME PASTA

JE cède à la tentation d'essayer un portrait musical de madame Pasta. On peut dire qu'il n'y eut jamais d'entreprise plus difficile ; le langage musical est ingrat et insolite ; à chaque instant les mots vont me manquer ; et quand j'aurais le bonheur d'en trouver pour exprimer ma pensée, ils présenteraient un sens peu clair à l'esprit du lecteur. D'ailleurs il n'est peut-être pas un dilettante qui n'ait sa phrase toute faite sur madame Pasta, et qui ne soit mécontent de ne pas la retrouver ici ; et dans la juste admiration que cette grande cantatrice inspire au public, le lecteur le plus bienveillant trouvera son portrait sans couleur, et mille fois au-dessous de ce qu'il attendait.

Rossini n'a jamais écrit pour madame Pasta. Le hasard lui fit rencontrer l'aimable et gracieuse Marcolini, et il fit la *Pietra del paragone;* la magnifique Colbrand, et il composa l'*Elisabeth;* le passionné et terrible Galli, et nous eûmes à admirer des personnages tels que le *Fernando* de la *Gazza ladra*, et le Mahomet du *Maometto secondo*.

Si le hasard offrait à Rossini une actrice jeune, belle, remplie d'âme et d'intelligence, ne s'écartant jamais dans ses gestes de la simplicité la plus vraie et la plus suave, et cependant toujours fidèle aux formes du *beau idéal* le plus pur ; si, avec des talents aussi extraordinaires pour le théâtre, Rossini trouvait une voix qui à chaque instant reproduit parmi nous les ravissements que donnaient jadis les chanteurs de la bonne école, une voix qui sait rendre touchante la plus simple parole d'un récitatif, ou dont les accents puissants forcent les cœurs les plus rebelles à partager l'émotion qu'ils expriment dans un grand air ; sans doute nous verrions Rossini oublier sa paresse comme par miracle, étudier de bonne foi la voix de madame Pasta, et chercher à écrire dans ses cordes. Inspiré par les talents sublimes de sa *prima donna*, Rossini retrouverait l'ardeur qui l'enflammait à son début dans la carrière, et les chants délicieux et simples qui commencèrent sa gloire. Quels chefs-d'œuvre ne viendraient pas alors illustrer le théâtre Louvois ? et avec quelle rapidité Paris ne prendrait-il pas, dans l'opinion de l'Europe, le rang musical qu'occupent seuls aujourd'hui les publics de Naples et de Milan ?

Après avoir entendu la prière de Roméo et Juliette, épreuve décisive pour le talent d'une cantatrice ; après avoir reconnu comment madame Pasta sait chanter *di portamento*, comment elle nuance les ports de voix, comment elle sait accentuer, lier et soutenir avec égalité un long période vocal, je ne fais nul doute que Rossini ne consente à lui sacrifier une partie de son système, et à élaguer un peu la forêt de petites notes qui surchargent ses cantilènes.

Pleinement convaincu de la sagesse et du bon goût dont madame Pasta fait preuve dans les *fioriture* de son chant, et sachant combien l'effet des agréments est plus sûr quand ils naissent de l'émotion et de l'invention *spontanée* du chanteur, Rossini s'en remettrait sans doute pour les ornements à l'inspiration de cette grande cantatrice.

Les vrais *dilettanti* qui paraissent à Louvois, non pas parce que ce théâtre est à la mode, mais parce qu'ils y trouvent des émotions profondes, et que je suppose, je crois avec raison, sensibles à tous les genres de beauté comme à toutes les sortes de gloire, réfléchiront à ce qu'ils éprouveraient si, accoutumés dès longtemps à n'entendre à la tribune nationale que des discours écrits, il leur était donné tout à coup d'y voir paraître un Mirabeau ou un général Foy, improvisant avec tout l'abandon du génie. Eh bien ! la différence est au moins aussi frappante entre une cantatrice chantant du mieux qu'elle peut une musique écrite pour une autre, et qui ne lui laisse aucune liberté, aucun moyen de donner jour à ses inspirations, et cette même cantatrice exécutant des cantilènes composées pour sa voix, c'est-à-dire non-seulement dans ses cordes, mais encore dans la couleur et la physionomie générale de son talent.

Parmi tous les opéras dans lesquels madame Pasta a eu des rôles depuis qu'elle est à Paris, je ne vois que les second et troisième actes de *Roméo* qui conviennent à peu près bien aux conditions de sa voix et de sa manière de la conduire. En cherchant dans tous les autres ouvrages qu'elle a chantés ici, j'aurais peine à nommer trois morceaux qui remplissent exactement ces conditions nécessaires ; et cependant madame Pasta charme tous les cœurs avec cette musique qui, à chaque instant, contrarie sa voix et demande des tours de force[1] ! Il ne s'est peut-être jamais ren-

---

1. C'est un tour de force qui fait, à chaque fois, l'étonnement des dilettanti, que de voir la même voix chanter un soir Tancrède, et trois jours après Desdemona.

contré de cantatrice qui ait acquis et mérité de la gloire sous de telles conditions. Figurez-vous maintenant, ô vous qui savez aimer les vrais charmes de la musique, Rossini composant *avec conscience* pour un tel talent !

C'est alors seulement que l'on pourra juger de tout ce que peut être madame Pasta. On voit combien son amour-propre gagnerait à parcourir les divers théâtres d'Italie, maintenant que Paris l'a fait connaître à l'Europe. Si quatre ou cinq fois par an elle chantait des opéras nouveaux, et composés *exprès pour sa voix*, je ne fais pas de doute qu'en deux ou trois ans son talent ne parût doubler. Avec la renommée dont elle jouit déjà, on peut juger si les maestri, pour mériter qu'elle adoptât leurs opéras et qu'elle fît leur gloire, seraient attentifs à lui plaire et à étudier, pour s'y conformer, la nature de sa voix et sa manière habituelle de la conduire [1].

Je demande maintenant au lecteur de redoubler de patience ; je vais, de mon côté, redoubler d'efforts pour être lucide, et d'ailleurs je promets d'être court.

1. Je pense que madame Pasta est destinée à faire la fortune du compositeur qui fera pâlir l'étoile de Rossini. Elle est sublime dans le *genre simple*, et c'est par là qu'il faut attaquer la gloire de l'auteur de *Zelmire*.

La voix de madame Pasta a une étendue considérable. Elle donne d'une manière sonore le *la* sous les lignes, et s'élève jusqu'à l'*ut* dièse et même jusqu'au *ré* aigu. Madame Pasta a le rare avantage de pouvoir chanter la musique de contralto comme celle de soprano [1]. J'oserai dire, malgré mon peu de science, qu'il me semble que la véritable position de sa voix est le *mezzo-soprano*. Le maestro qui écrirait pour elle devrait placer le tissu ordinaire de ses chants dans la voix de *mezzo-soprano*, et se servir ensuite en passant, et par occasion, de toutes les autres cordes de cette voix si riche. Beaucoup de ces cordes non seulement sont fort belles, mais produisent une certaine vibration sonore et magnétique qui, je crois, par un mélange d'effet physique non encore expliqué jusqu'ici, s'empare avec la rapidité de l'éclair de l'âme des spectateurs.

Nous arrivons à une particularité bien singulière de la voix de madame Pasta ; elle n'est pas toute d'un seul *metallo*, comme on dirait en Italie (d'un même *timbre*), et cette différence dans les sons d'une même voix est un des plus puissants moyens d'expression dont sait se prévaloir

---

1. C'est ce qu'elle a prouvé en chantant Tancrède et le rôle de *Curiazio* dans *les Horaces* de Cimarosa : Roméo et Médée.

l'habileté de cette grande cantatrice.

Les Italiens disent de cette sorte de voix qu'elle a plusieurs *registres*[1] c'est-à-dire des *physionomies différentes*, suivant les diverses parties de l'échelle musicale où elle vient se placer. Quand beaucoup d'art et surtout une exquise sensibilité ne servent pas de guides dans l'usage de ces divers registres, ils ne paraissent que comme des inégalités dans la voix, et forment un défaut choquant qui repousse par la dureté tout plaisir musical. La Todi, Pacchiarotti, et un grand nombre de chanteurs du premier ordre, ont montré jadis comment on pouvait changer en beautés des désavantages apparents, et en tirer des effets d'une originalité séduisante. L'histoire de l'art tendrait même à faire croire que ce n'est pas avec une voix également argentine et

---

1. La clarinette, par exemple, a deux *registres*. Les sons bas ne semblent pas de la même famille que les sons aigus. Je placerai ici un fait d'histoire naturelle observé à Londres cette année : les sons aigus de la clarinette et du piano ne troublent nullement les animaux féroces, le lion, le tigre, etc., tandis que les sons bas les font entrer en fureur sur-le-champ. Il semble que pour l'homme l'effet contraire aurait lieu. Peut-être les sons bas ressemblent-ils à des rugissements. *Voir* les expériences faites au Jardin-des-Plantes vers 1802 ; on donna un concert aux éléphants. Je ne sais si les naturalistes eurent assez de bon esprit pour rapporter avec *simplicité* les résultats de cet essai, et pour laisser échapper une si belle occasion de faire de l'éloquence. Ce sont de terribles gens quand ils veulent être sublimes, et qu'ils voient une croix de plus au bout d'une phrase sonore.

inaltérable dans toutes les notes de son extension que l'on obtient le chant vraiment passionné. Jamais une voix d'un timbre parfaitement inaltérable, ne pourra atteindre à ces sons voilés et en quelque sorte suffoqués qui peignent avec tant de force et de vérité certains moments d'agitation profonde et d'angoisse passionnée.

Des dilettanti fort instruits qui voulurent bien, à Trieste, m'admettre dans leur société, m'ont répété plusieurs fois que la Todi, l'une des dernières cantatrices du grand siècle[1], avait une voix et un talent tout à fait analogues à celui de madame Pasta.

La Todi eut à lutter avec un miracle de l'art et de la nature ; la Mara ne possédait pas seulement une voix extrêmement belle et *molta bravura* (un art infini), mais elle était encore remarquable par une excellente école et beaucoup d'expression.

[1]. Madame Todi chanta à Venise en 1795 ou 1796, et à Paris en 1799. Il y a, comme vous savez, des gens qui soutiennent que la musique la plus nouvelle est toujours la meilleure, et l'on est bien loin d'être d'accord sur l'excellence de la musique des diverses époques du dernier siècle. Tout le monde pense, au contraire, que de 1730 à 1780, le chant a atteint le plus haut degré de perfection ; cet art délicieux n'existait plus que chez des gens fort âgés, à la fin du XVIIIe siècle. Aujourd'hui il y a plusieurs belles voix, et cinq ou six talents pour le chant : Velluti, madame Pasta, Davide, mademoiselle Pisaroni, madame Belloc, etc. Leur goût est plus sage et plus pur, et peut-être leur habileté moins grande que celle des soprani qui florissaient vers 1770.

Toutefois, par le suffrage des gens nés pour les arts, lesquels, après un an ou deux, ne manquent jamais de faire partager au public leur manière de voir, la Todi l'emporta sur sa rivale ; son chant avait été plus souvent l'écho de leurs sentiments.

C'est avec une étonnante habileté que madame Pasta unit la voix de tête à la voix de poitrine ; elle a l'art suprême de tirer une fort grande quantité d'effets agréables et piquants de l'union de ces deux voix. Pour aviver le coloris d'une phrase de mélodie ou pour en changer la nuance en un clin d'œil, elle emploie le *falsetto* jusque dans les cordes du milieu de son diapason, ou bien alterne les notes de *falsetto* avec celles de poitrine. Elle fait usage de cet artifice avec la même facilité de *fusion*, dans les tons du milieu comme dans les tons les plus aigus de sa voix de poitrine.

La voix de tête de madame Pasta a un caractère presque opposé à sa voix de poitrine ; elle est brillante, rapide, pure, facile et d'une admirable légèreté. En descendant, la cantatrice peut avec cette voix *smorzare il canto* (diminuer le chant) jusqu'à rendre en quelque sorte douteuse l'existence des sons.

Il fallait des couleurs aussi touchantes

à l'âme de madame Pasta et des moyens aussi puissants pour qu'elle pût atteindre à la force d'expression que nous lui connaissons, expression toujours vraie, et, quoique modérée par les règles du *beau idéal*[1], toujours pleine de cette énergie brûlante et de cette force extraordinaire qui électrisent tout un théâtre. Mais que d'art il a fallu à cette aimable cantatrice, que d'études lui ont été nécessaires pour retirer ces effets sublimes de deux voix tellement opposées !

Cet art se perfectionne sans cesse ; les effets qu'il obtient sont tous les jours plus étonnants, et la puissance de ce grand talent sur les auditeurs ne peut désormais que s'accroître ; car depuis longtemps la voix de madame Pasta a surmonté tous les obstacles physiques qui pouvaient s'opposer à l'apparition du plaisir musical ; elle séduit aujourd'hui l'oreille de ses heureux auditeurs comme elle sait électriser leurs âmes. Ils lui doivent à chaque nouvel opéra des émotions plus vives, ou des nuances nouvelles du même plaisir. Elle possède l'art d'imprimer une couleur *musicale* nouvelle, non pas par l'accent des paroles et en sa qualité de grande tragédienne, mais *comme cantatrice*, à des

1. Cette *pacatezza* des gestes et du chant distingue madame Pasta de toutes les grandes actrices que j'ai vues.

rôles en apparence assez insignifiants, par exemple le rôle d'*Elcia* dans *Mosè*[1].

Comme toutes les voix humaines, la voix de madame Pasta rencontre, de temps à autre, certaines *positions* incommodes dont elle ne peut surmonter la difficulté, ou dans lesquelles tout au moins elle perd ce pouvoir, tellement habituel chez elle, de produire le plaisir musical, et, par le plaisir de l'oreille, l'entraînement des cœurs. Ces occasions fort rares font désirer encore plus vivement de l'entendre une fois au moins dans un opéra écrit pour sa voix.

Je regarderais comme presque impossible la tâche d'indiquer un ornement mis en usage par madame Pasta qui n'ait pas toutes les grâces de la bonne école et qui ne puisse servir de modèle. Fort modérée dans l'usage des *fioriture*, elle ne les emploie que pour augmenter la force de l'expression ; et remarquez que ses *fioriture* ne durent jamais que juste le temps pendant lequel elles sont utiles. Je n'ai jamais rencontré dans son chant de ces longs agréments qui rappellent un peu les distractions des grands parleurs, et durant lesquels il semble que le chanteur s'oublie,

1. Le maître à chanter de madame Pasta, M. Scappa de Milan, est dans ce moment à Londres, où sa méthode a le plus grand succès.

ou que, chemin faisant, il change de pensée.
Le public nommera pour moi des chanteurs à réputation, chez lesquels se reproduit fort souvent ce défaut assez plaisant à observer. Je ne veux pas troubler le plaisir des demi-connaisseurs par qui je vois applaudir ces agréments avec transports. Souvent un *gorgheggio* commence d'une manière légère et rapide et dans le style tout à fait bouffe, pour finir bientôt après par la tragédie, et par tout ce qu'il y a de plus sérieux et de plus emporté ; ou bien, après avoir commencé avec toute la gravité et le sérieux possibles, ne sachant plus que faire à moitié chemin, on voit le chanteur se jeter dans la légèreté bouffe. Le même *manque d'âme* inspire ces fautes au chanteur, et empêche le spectateur de s'en apercevoir. C'est une des meilleures épreuves que je connaisse pour juger les amateurs à goût *appris*. Lorsque je vois applaudir ces *gorgheggi* dans la *Gazza ladra* ou dans *Tancrède*, je me rappelle l'anecdote d'un seigneur fort connu faisant son travail avec un grand roi, et pendant une heure lui lisant un long rapport sur les attributions de sa charge ; le roi semblait prendre grand plaisir à cette lecture, en apparence assez peu amusante : c'est que le seigneur tenait le papier à l'envers, et dans le fait ne savait pas lire.

Tel paraît, à mes yeux, un dilettante qui applaudit avec transport un agrément qui a deux sens opposés, et qui ne dit *blanc* au commencement que pour dire *noir* à la fin. La position du personnage est triste ou gaie, et dans les deux cas l'applaudissement est également absurde.

De quels termes pourrais-je me servir pour parler des inspirations célestes que madame Pasta révèle par son chant, et des aspects de passion sublimes ou singuliers qu'elle sait nous faire apercevoir ! Secrets sublimes, bien au-dessus de la portée de la poésie, et de tout ce que le ciseau des Canova ou le pinceau des Corrége peut nous révéler des profondeurs du cœur humain. Peut-on se souvenir sans frémir, du moment où Médée attire à elle ses enfants en portant la main sur son poignard, puis les repousse comme agitée par un remords ? Quelle nuance ineffable, et qui, ce me semble, mettrait au désespoir le plus grand écrivain !

Rappellerai-je la réconciliation d'Enrico avec son ami Vanoldo, dans le fameux duetto

É deserto il bosco intorno [1] ;

[1]. Soirée du 2 octobre 1823 ; jamais peut-être madame Pasta n'a eu dans son chant des inspirations plus sublimes ; j'ai reconnu dans la *Rosa bianca* plusieurs agréments de la prière de Desdemona.

et la manière dont est amené le sentiment qui fait que Enrico pardonne :

> Ah ! chi puo mirarla in volto
> E non ardere d'amor !

J'aurais dix passages à noter dans chacun des rôles de madame Pasta. Les douze mesures qu'elle chante dans *Tancrède*, lorsqu'elle paraît sur le char, après la mort d'Orbassan, ne sont rien comme musique, et cependant quelle nuance admirable ! comme ce chant est différent de tout autre ! comme on y voit bien le *calme triste* qui suit une victoire qui ne donne pas le bonheur à Tancrède, ne prouvant pas l'innocence d'Aménaïde ! comme on y discerne bien l'absence de cette vie, de cette animation qui soutenait le jeune guerrier avant le combat, lorsque la nécessité de vaincre pour sauver la vie d'Aménaïde l'enflammait, et lorsqu'un peu de doute de la victoire l'empêchait en quelque sorte de voir toute l'horreur de son sort !

Pour madame Pasta, la même note dans deux situations de l'âme différentes n'est pas, pour ainsi dire, le même son.

Voilà tout simplement le sublime de l'art du chant. J'ai vu trente représentations de *Tancrède*, et le chant de la cantatrice suit de *si près* les *inspirations actuelles* de son cœur, que je puis dire, par exemple, du *tremar Tancredi*, que madame Pasta l'a dit quelquefois avec la teinte d'une douce ironie ; d'autres jours, avec l'inflexion de l'homme brave, qui assure qu'il n'y a rien à redouter et qui engage à rassurer la personne qui a des craintes : quelquefois c'est une désagréable surprise déjà accompagnée de ressentiment, mais Tancrède songe que c'est Aménaïde qui parle, et la nuance de colère fait place au sourire de la réconciliation.

Ne trouvant pas de langage pour rendre les nuances du chant, l'on voit que j'essaie de prouver leur existence par les nuances du jeu. Je supprime sept à huit longues pages qui m'étaient nécessaires pour faire remarquer trois nuances de chant différentes à chaque représentation de *Tancrède*. Les personnes qui auraient eu la patience de lire ces huit pages distingueront d'elles-mêmes ces nuances, et bien d'autres qui m'ont échappé. Cette brochure aura quelques exagérations de moins aux yeux de la partie *prosaïque* de la société. Ces nuances-là, qui, chez madame Pasta, changent à chaque représentation de *Tancrède*, sont l'*infiniment petit* qu'aucun maestro ne peut parvenir à noter. Et quand il essaierait de l'écrire comme l'a fait Rossini depuis son arrivée à Naples en 1815, il est évident que tel *mordente*, tel agrément fort bon en lui-même, ne convient pas à l'état où se trouvent la voix et l'âme de l'actrice le soir du 30 septembre. Dès lors, il est de toute impossibilité qu'elle excite les transports du public[1], en exécutant cet agrément à cette représentation du 30 septembre.

Le vulgaire des amateurs veut l'agrément *accoutumé* à tel passage, et, de quelque manière qu'il soit exécuté, il applaudit. Je ne parle ni de ces gens-là ni à ces gens-là[2]. Je suis convaincu que même hors de l'Italie, et dans les pays où l'on chante faux à la messe, il y a des dilettanti pour qui un esprit délicat est, si j'ose parler ainsi, comme un microscope qui leur fait voir nettement les moindres nuances du chant.

A de telles personnes je n'ai point d'excuses à faire pour mon enthousiasme. J'aurais bien des pages à écrire si je voulais noter toutes les créations de

---

1. Dans l'amour-passion, on parle souvent un langage qu'on n'entend pas soi-même ; l'âme se rend visible à l'âme, indépendamment des paroles employées. Je soupçonnerais qu'il y a souvent un effet semblable dans le chant ; mais comme en amour le *naturel* est indispensable, il faut que la voix exécute une chose *inventée pour elle*, qui ne la gêne pas, et que l'âme du chanteur trouve *délicieuse*, au moment où il chante.

2. Voir *le Corsaire* du 3 octobre 1823.

madame Pasta. J'appelle *créations* de cette grande cantatrice certains moyens d'expression auxquels il est plus que probable que le maestro qui écrivit les notes de ses rôles n'avait jamais songé.

Je citerai pour premier exemple l'accent placé sur ce vers,

> Avro contento il cor,

dans l'air *ombra adorata aspetta* de Roméo, et le mouvement plus rapide [1] imprimé à la cantilène. C'est aussi une belle création que l'inflexion donnée aux vers précédents qui appartiennent à la même scène :

> Io ti sento, mi chiami
> A seguirti fra l'ombre, etc.

Tous les dilettanti de Louvois se rappellent la soirée où madame Pasta employa, pour la première fois, ces nouveaux artifices de chant, et le saisissement, bien plus flatteur [2] que des applaudissements,

---

1 C'est envers de tels artifices de chant que l'imperturbable et savante rigidité de l'orchestre de Louvois est cruelle. Cet orchestre, composé de gens cent fois plus habiles que les symphonistes italiens de 1780, eût rendu impossibles Pacchiarotti et Marchesi. Il contrariera tous les grands chanteurs que nous pourrions avoir à Paris ; et pour peu que ceux-ci soient intimidés par la science trop réelle de nos symphonistes, nous ne verrons jamais la *partie improvisée* du beau chant.

2. Les sots applaudissent quand la majorité applaudit ; mais pour être transporté d'admiration, il faut avoir une âme, chose rare.

qu'ils excitèrent dans le public ; et pourtant, à chacune des vingt ou trente représentations du même opéra qui avaient précédé, les spectateurs auraient juré que cette charmante cantatrice avait atteint dans ce rôle le dernier degré de la perfection.

Ce même soir, au moment où madame Pasta employait avec le plus de bonheur l'artifice de l'opposition de ses deux voix, un aimable Napolitain, connu par son goût pour la musique et par ses succès, me dit, avec un feu que je donnerais tout au monde pour pouvoir reproduire ici : « Ces
« changements de sons dans cette voix
« sublime me rappellent une sensation de
« bonheur tendre que j'ai trouvée quelque-
« fois durant les nuits si pures de notre
« malheureuse patrie, lorsque des étoiles
« scintillantes se détachent si bien sur un
« ciel d'un bleu foncé ; c'était lorsque la
« lune éclaire ce paysage enchanteur que
« l'on aperçoit de cette rive de Mergelina
« que je ne verrai plus. L'île de Capri se
« détachait dans le lointain au milieu des
« flots d'argent d'une mer mollement agitée
« par la brise rafraîchissante de minuit.
« Insensiblement une nuée légère vient
« voiler l'astre des nuits, et sa lumière
« semble, durant quelques instants, plus
« suave et plus tendre ; l'aspect de la

« nature en est plus touchant, l'âme est
« attentive. Bientôt l'astre se montre de
« nouveau plus pur et plus brillant que
« jamais, inondant nos rivages de sa
« lumière vive et pure ; et le paysage repa-
« raît aussi dans tout l'éclat de sa vive
« beauté. Eh bien ! la voix de madame
« Pasta, dans ces changements de *registres*,
« me donne la sensation de cette lumière
« plus touchante et plus tendre qui se
« voile un instant pour reparaître bientôt
« mille fois plus brillante [1].

« Au coucher du soleil, lorsqu'il dispa-
« raît derrière le Pausilippe, notre cœur
« semble se laisser aller naturellement à une
« douce mélancolie ; je ne sais quoi de
« sérieux s'empare de nous ; notre âme
« semble se mettre en harmonie avec le
« soir et sa tranquille tristesse. Ce sentiment,
« je viens de l'éprouver, mais avec un
« mouvement plus rapide, quand madame
« Pasta a dit :

Ultimo pianto !

« C'est aussi le sentiment qui s'empare
« de moi, mais d'une manière plus durable,
« aux premières journées froides de sep-
« tembre, suivies d'une brume légère sur

---

1. Le *beau idéal* dans tous les genres n'a qu'une mesure *raisonnable;* c'est le degré de notre émotion.

« les arbres qui annonce l'approche de « l'hiver et la mort des beautés de la « nature. »

En sortant d'une représentation dans laquelle madame Pasta nous a transportés, l'on ne peut se rappeler autre chose que l'extrême et profonde émotion dont elle nous a saisis. C'est en vain que l'on chercherait à se rendre un compte plus distinct d'une sensation si profonde et si extraordinaire. On ne sait où se prendre pour admirer. Cette voix n'a point un timbre (*metallo*) extraordinaire ; elle ne doit point ses effets à une flexibilité surprenante ; ce n'est point non plus une extension inaccoutumée ; c'est uniquement et tout simplement le chant qui part du cœur,

Il canto che nell' anima si sente,

et qui séduit et entraîne en deux mesures tous les spectateurs qui ont pleuré en leur vie pour autre chose que de l'argent ou des croix.

Je pourrais faire une assez longue énumération de toutes les difficultés que la nature avait opposées à madame Pasta, et qu'elle a dû surmonter pour que son âme pût, *au moyen du chant*, électriser celle des spectateurs. Tous les jours nous la voyons remporter de nouveaux triomphes et se rapprocher de la perfection ; chacun de ses pas est marqué par une de ces petites créations dont je parlais naguère. Je m'étais fait dicter par un musicien savant une énumération que je supprime parce qu'elle exigerait du *savoir technique* pour être comprise ; ce n'est point en anatomiste, mais, si je puis, en peintre que je veux parler de la beauté, et, dans mon ignorance, ce ne sont point les savants que je prétends endoctriner.

On a demandé aux amis de madame Pasta quel avait été son maître comme actrice. Elle n'en eut jamais d'autre qu'un cœur propre à sentir vivement les moindres nuances de passion, et une admiration passionnée et allant jusqu'au ridicule pour le *beau idéal*. A Trieste, un pauvre enfant de trois ans qui s'approche d'elle, et qui demandait l'aumône pour sa mère aveugle, la fait fondre en larmes sur le port où elle se promenait avec quelques amis ; elle lui donne tout ce qu'elle avait. Les amis qui étaient avec elle parlent de charité, se mettent à louer la bonté de son cœur, etc. Quand elle a essuyé ses larmes : « Je n'accepte point vos louanges, « leur dit-elle. Cet enfant m'a demandé « l'aumône d'une manière sublime. J'ai vu « en un clin d'œil, tous les malheurs de sa « mère, la misère de leur maison, le manque

« de vêtements, le froid qu'ils souffrent
« bien des fois. Je serais une grande actrice
« si, dans l'occasion, je pouvais trouver
« un geste exprimant le profond malheur
« avec cette vérité. »

Ce sont, je crois, des milliers d'observations de ce genre, dont madame Pasta avait la conscience dès l'âge de six ans, qu'elle se rappelle distinctement, et dont elle se sert à la scène dans le besoin, qui lui valurent son talent et lui ont servi de modèle. J'ai entendu dire à madame Pasta qu'elle a les plus grandes obligations à de' Marini, l'un des premiers acteurs d'Italie, et à la sublime Pallerini, l'actrice formée par Viganò pour jouer dans ses ballets les rôles de Myrrha, de Desdemona et de la Vestale.

Comme cantatrice, madame Pasta est trop jeune pour avoir pu voir à la scène la Todi, Pacchiarotti, Marchesi ou Crescentini ; elle n'a même jamais eu, ce me semble, l'occasion de les entendre au piano ; et pourtant les dilettanti qui ont entendu ces grands artistes s'accordent à dire qu'elle semble leur élève. Elle n'a d'obligation pour le chant qu'à madame Grassini, avec laquelle elle a chanté pendant une saison à Brescia [1].

1. *Voir* dans le *Mémorial de Sainte-Hélène*, tome IV un passage intéressant sur madame Grassini. J'ai vu hier

douze lettres de l'amour le plus passionné ; elles sont de la main de Napoléon, et adressées à Joséphine ; l'une d'elles est antérieure à leur mariage. A propos de la mort imprévue d'un M. Chauvel, ami intime de Napoléon, il y a une boutade singulière et tout à fait digne de Platon ou de Werther sur l'immortalité de l'âme, la mort, etc. Plusieurs de ces lettres si passionnées sont sur de grand papier officiel portant en tête : *Liberté, égalité*. Napoléon méprise les victoires, et n'est inquiet que des rivaux qu'il peut avoir auprès de Joséphine. « Aime-les si tu veux, lui dit-il, tu « n'en trouveras jamais qui t'adoreront comme moi. » Puis il ajoute : « On s'est battu hier et aujourd'hui ; je suis « plus content de Beaulieu que des autres, mais je le battrai à « plate couture. » Il est à craindre qu'à la mort de M. le comte de B***, ces douze lettres ne soient vendues à l'épicier.

CHAPITRE XXXVI

LA DONNA DEL LAGO

ON peut dire qu'à Naples, après l'*Élisabeth*, les pièces de Rossini n'ont réussi qu'à force de génie. Son principal mérite était d'avoir un style différent de celui de Mayer et des autres compositeurs savants et sans idées qui l'avaient précédé. Dans le genre ennuyeux de l'opéra séria, il portait une vie inconnue avant lui. Peut-être, sans le mécontentement public contre Barbaja et tout ce qui tenait à son entreprise, Rossini se serait-il négligé. Je l'ai vu se trouver mal à cause des sifflets. C'est beaucoup pour un homme en apparence si indifférent, et d'ailleurs si sûr de son mérite. C'était à la première représentation de la *Donna del Lago*, opéra tiré d'un mauvais poème de Walter Scott.

Ce jour-là, le premier sentiment fut de plaisir. La première décoration représentait un lac solitaire et sauvage du nord de l'Écosse sur lequel la Dame du Lac, fidèle à son nom, se promène seule dans une barque qu'elle dirige elle-même. Cette décoration était un chef-d'œuvre. Toutes les imaginations furent transportées en Écosse et prêtes à s'occuper d'aventures ossianiques. Mademoiselle Colbrand, tout en faisant voguer sa barque avec beaucoup de grâce, chanta son premier air, et fort bien. Le public mourait d'envie de siffler, mais il n'y avait pas moyen. Le duetto qui suit avec Davide fut chanté avec beaucoup d'art. Enfin Nozzari parut ; il entrait par le fond de la scène, qui, ce soir-là, se trouvait à une distance vraiment prodigieuse de la rampe. Son rôle commençait par un port de voix. Il donna un éclat de voix magnifique, et d'une force à être entendu de la rue de Tolède ; mais comme lui-même, du fond de la scène, n'entendait pas l'orchestre, ce port de voix se trouva à un quart de ton peut-être au-dessous de ce qu'il devait être. Je me rappelle encore le cri soudain du parterre et sa joie d'avoir un prétexte pour siffler. Une ménagerie de lions rugissants à qui l'on ouvre les barreaux de leur cage, Éole déchaînant les vents en furie, rien ne peut donner une idée, même imparfaite, de la fureur d'un public napolitain offensé par un son faux, et trouvant une juste raison pour satisfaire une vieille haine.

L'air de Nozzari était suivi de l'apparition d'une quantité de bardes, qui viennent animer à la guerre l'armée écossaise qui marche au combat. Rossini avait eu l'idée de lutter avec les trois orchestres du bal de *Don Juan;* il avait divisé son harmonie en deux parties, savoir, le chœur des bardes, et la marche militaire avec accompagnement de trompettes qui, après avoir paru séparément, sont entendues en même temps[1]. Ce jour (4 octobre 1819) était un jour de gala ; le théâtre était illuminé, la cour n'y était pas ; rien ne pouvait retenir l'extrême gaieté des jeunes officiers qui remplissent *par privilège* les cinq premières banquettes du parterre, et qui avaient bu à la santé du roi en sujets loyaux et fidèles. L'un de ces messieurs, au premier son des trompettes, se mit à imiter, avec sa canne, le bruit d'un cheval au galop. Le public saisit cette idée, et à l'instant le parterre est plein de quinze cents écoliers qui imitent de toutes leurs forces et en mesure le bruit d'un cheval au galop. Les oreilles du pauvre maître de musique ne purent tenir à un tel tapage, il se trouva mal.

La même nuit, pour tenir un engagement contracté quelque temps auparavant, il dut monter en voiture et courir en

1. Je trouve plus de difficulté vaincue dans Mozart, et un effet plus clair et plus agréable chez Rossini.

toute hâte à Milan. Quinze jours après, nous sûmes qu'en arrivant à Milan, et sur toute la route, il avait répandu la nouvelle que la *Donna del Lago* était allée aux nues. Il croyait mentir, et il doit avoir tous les honneurs du mensonge ; cependant il disait vrai. Le 5 octobre, le public si éclairé de Naples avait senti toute l'étendue de son injustice ; il applaudit l'opéra comme il mérite de l'être, c'est-à-dire avec transport. On avait diminué de moitié le nombre des trompettes qui accompagnaient les bardes, et qui, le premier soir, étaient réellement assourdissantes.

Je me souviens que nous autres bonnes gens, nous disions le soir du 5 octobre, à la soirée de la princesse de Belmonte : « Au moins si ce pauvre Rossini « pouvait savoir son succès en route, il « serait consolé ! quel triste voyage il va « faire ! » Nous avions oublié le gasconisme du personnage.

Si je n'étais pas honteux de la grosseur démesurée de la présente brochure, je hasarderais une analyse suivie de la *Donna del Lago*. C'est un ouvrage plutôt épique que dramatique. La musique a vraiment une couleur ossianique et une certaine énergie sauvage extrêmement piquante. Après la chute du premier jour, on ne se lassa pas d'applaudir la cavatine et duetto

> O matutini albori,

chanté par Davide et mademoiselle Colbrand. Il y règne une fraîcheur et une *bonne foi* de sentiment d'un effet délicieux.
Le chœur de femmes

> D'Inibaca donzella,

le petit duetto

> Le mie barbare vicende,

de Davide et mademoiselle Colbrand, l'air

> O quante lagrime!

de mademoiselle Pisaroni, sont des chefs-d'œuvre.

Le *finale* est extrêmement remarquable et vraiment original.

On admira dans le second acte le terzetto

> Alla ragion deh'ceda!

et l'air

> Ah si pera,

de mademoiselle Pisaroni, à qui cet opéra valut le rang de cantatrice du premier ordre.

Les passions sont moins vives dans cet opéra que dans *Otello*, mais les cantilènes me semblent plus belles. Le chant est en général plus *spianato*, plus simple ; par exemple, l'air délicieux et si tendre :

> Ma dov'è colei che accende ?

Les dilettanti de Naples jugèrent que, dans la *Donna del Lago*, Rossini avait fait un pas pour revenir au style de sa première jeunesse, au système dans lequel sont écrits l'*Inganno felice*, et le *Demetrio ;* sur quoi je ferai observer que *Demetrio e Polibio* et surtout *Tancrède* sont écrits dans le style qui, *à mes yeux*, est le plus beau, dans le mélange proportionnel de mélodie et d'harmonie le plus favorable pour l'effet ; ce qui ne veut nullement dire que *Tancrède* présente les meilleures idées possibles, et que ce soit le meilleur opéra de Rossini. Il acquit depuis plus de profondeur et d'énergie, mais ses idées sont un peu déparées par les effets d'un faux système.

CHAPITRE XXXVII

DE HUIT OPÉRAS DE ROSSINI

Il y a plusieurs opéras de Rossini desquels je dirai fort peu de chose; je ne les ai jamais vus, ou bien ils sont inconnus à Paris.

Le chant

O crude stelle !

d'*Adelaïde di Borgogna* joué à Rome en 1818, est admirable comme faisant beaucoup de plaisir et comme peignant juste le désespoir dans un cœur de seize ans (le désespoir de miss Ashton de Walter Scott). — Quel sens peut avoir une telle phrase pour le lecteur, qui voit peut-être pour la première fois le nom d'*Adelaïde di Borgogna?*

L'*Armida* fut donnée à Naples pendant l'automne de 1817. Nozzari faisait Renaud, et mademoiselle Colbrand Armide. L'opéra eut un brillant succès ; on y trouve un des plus beaux duetti de Rossini, peut-être le plus célèbre de tous :

Amor, possente nome

L'extrême volupté qui, aux dépens du sentiment, fait souvent le fond des plus beaux airs de Rossini, est tellement frappante dans le duetto d'Armide, qu'un dimanche matin qu'il avait été exécuté d'une manière vraiment sublime au Casin de Bologne, je vis les femmes embarrassées de le louer. On dirait que ce duetto est d'un commençant ; il y a des longueurs vers la fin de la première partie. Malgré son grand succès à Naples, il ne paraît pas que cet opéra ait été donné sur d'autres théâtres. L'auteur du libretto laisse languir l'intérêt, et il a gâté d'une manière pitoyable le beau récit du Tasse. Il y a de beaux chœurs.

Ricciardo e Zoraïde (automne 1818). Davide, Nozzari et mademoiselle Colbrand. Le libretto est du feu marquis Berio, l'un des hommes les plus aimables de Naples ; c'est un morceau du poëme de Ricciardetto ; les noms seuls sont changés. J'ai peu vu cet opéra, je me souviens seulement d'un fort grand succès. On applaudit beaucoup, au premier acte, le duetto de mesdemoiselles Colbrand et Pisaroni,

In van tu fingi, ingrata !

le terzetto entre les mêmes cantatrices, et Nozzari,

> Cruda sorte,

la cavatine de Davide,

> Frena, o ciel !

et dans le second acte, le duetto,

> Ricciardo che vega ?

Le style est magnifique, oriental, passionné ; cet opéra n'a point d'ouverture [1].
Ce genre de travail contrarie Rossini, qui prouve par de beaux raisonnements qu'il ne faut pas d'ouvertures.

L'Ermione, 1819, n'eut qu'un succès partiel ; on n'applaudit que certains morceaux. C'était un essai, Rossini avait voulu tenter le genre de l'opéra français.

Maometto secondo, 1820. Je n'ai pas vu cet opéra. On m'écrivit dans le temps qu'il avait du succès. Il y a des morceaux d'ensemble fort remarquables. Le libretto, est ce me semble, de M. le duc de Ventignagno qui passe à Naples pour le premier faiseur de tragédies du royaume. Galli fut superbe dans le rôle de *Maometto*.

Metilde di Shabran. Rome, 1821. Au théâtre d'Apollo, la jolie Liparini était prima donna. Libretto exécrable et

---

[1] Erreur, dit M. Prunières. Cet opéra a une ouverture. N. D. L. E.

jolie musique. Tel fut le jugement du public.

Zelmira, jouée à Naples en 1822, a fait fureur à Vienne comme à Naples. Rossini, dans cet opéra, s'est éloigné le plus possible du style de *Tancrède* et de l'*Aureliano in Palmira* ; c'est ainsi que Mozart, dans *la Clémence de Titus*, s'est éloigné du style de *Don Giovanni*. Ces deux hommes de génie ont marché en sens inverse. Mozart aurait fini par s'italianiser tout à fait. Rossini finira peut-être par être plus allemand que Beethoven. J'ai entendu chanter Zelmire au piano ; mais ne l'ayant pas vue au théâtre, je n'ose en juger.

Le degré de germanisme de Zelmire n'est rien en comparaison de la *Semiramide* que Rossini a donnée à Venise en 1823. Il me semble que Rossini a commis une erreur de géographie. Cet opéra, qui, à Venise n'a évité les sifflets qu'à cause du grand nom de Rossini, eût peut-être semblé sublime à Kœnigsberg ou à Berlin ; je me console facilement de ne l'avoir pas vu au théâtre ; ce que j'en ai entendu chanter au piano ne m'a fait aucun plaisir [1].

---

1. Tel de mes voisins qui préfère *Mosè* à *Tancrède*, aimera mieux la *Semiramide e sempre bene*; si nous sommes de bonne foi, nous avons tous deux raison.

La *Donna del Lago*, *Ricciardo e Zoraïda*, *Zelmira*, *Semiramide* et quelques autres opéras de Rossini ne peuvent pas se donner à Paris, à cause du manque d'une voix de contralto assez habile pour pouvoir chanter la musique écrite pour mademoiselle Pisaroni[1].

Je ne conseillerais pas d'essayer ces opéras à Louvois. Les plus beaux morceaux ont été intercalés dans d'autres pièces ; par exemple, l'air de la Donna del Lago,

Oh ! quante lagrime,

placé par madame Pasta dans *Otello;* peut-être aussi que la musique de ces opéras semblerait faible après *Otello* et *Mosè*.

Je me hâte d'ajouter que je n'entends nullement parler de la *Donna del Lago*, partition originale et superbe dans laquelle, pour la première fois de sa vie peut-être, Rossini a été inspiré par son libretto. Cet opéra triompherait de tous les obstacles, mais il faut des décorations faites par des peintres arrivant d'Italie. Les *scene* ridicules que nous venons de

---

1. Il existe sans doute des voix de contralto en France ; mais, dès qu'une jeune personne ne peut pas monter au *sol* ou au *la*, on dit ici qu'elle n'a pas de voix. Voir un fort bon article de M*** dans les *Débats* de juillet 1823.

voir à la reprise des Horaces, amèneraient une chute complète pour la *Donna del Lago*, qui exige un peu l'illusion des yeux. Il faut d'ailleurs un grand théâtre à cause des évolutions militaires et des chœurs de bardes. Au génie près, cet opéra est comme *les Bardes* de M. Lesueur.

Nous eûmes à Naples, en 1819 je crois, une messe de Rossini, qui employa trois jours à donner l'apparence de chant d'église à ses plus beaux motifs. Ce fut un spectacle délicieux ; nous vîmes passer successivement sous nos yeux, et avec une *forme un peu différente* qui donnait du piquant aux reconnaissances, tous les airs sublimes de ce grand compositeur. Un des prêtres s'écria au sérieux : « Rossini, si tu « frappes à la porte du paradis avec cette « messe, malgré tous tes péchés saint Pierre « ne pourra pas s'empêcher de t'ouvrir. » Ce mot est délicieux en napolitain à cause de sa grotesque énergie.

CHAPITRE XXXVIII

BIANCA E FALIERO

Nous avons vu Rossini quitter Naples au bruit des sifflets, dans la nuit du 4 octobre 1819. Le 26 décembre de la même année, il fit représenter à Milan *Bianca e Faliero*. C'est à peu près le sujet du *comte de Carmagnola*, tragédie de M. Manzoni[1]. La scène est à Venise. Le conseil des Dix condamne à mort un jeune général dont il se défie parce qu'il est vainqueur ; mais *Faliero* est aimé de *Bianca*, la fille du doge. Madame Camporesi chanta supérieurement le rôle de Bianca ; celui de Faliero était rempli par madame Carolina Bassi, la seule cantatrice qui approche un peu de madame Pasta. La décoration représentant la salle

---

1. M. Fauriel, écrivain du goût le plus pur, et, de plus, homme d'esprit, vient de nous donner une excellente traduction du *Comte de Carmagnola* (1823). Que ne donneraient pas les amateurs pour avoir un *Shakspeare* traduit de ce style ! C'est dans le *Comte de Carmagnola* que se trouve la plus belle ode qui ait encore été faite au XIX° siècle, du moins à mon avis :

I fratelli hanno ucciso i fratelli!

du conseil des Dix fut d'une vérité parfaite. On se sentait frémir au milieu de la magnificence dans cette salle immense et sombre, tendue en velours violet, et éclairée seulement par quelques rares bougies dans des flambeaux d'or. On se voyait en présence du despotisme tout-puissant et inexorable. Notre insensibilité ou notre pauvreté a beau dire, de belles décorations sont le meilleur commentaire de la musique dramatique ; elles décident l'imagination à faire les premiers pas dans le pays des illusions. Rien ne dispose mieux à être touché par la musique que ce léger frémissement de plaisir que l'on sent à *la Scala* au lever de la toile, à la première vue d'une décoration magnifique.

Celle de la salle du Conseil des Dix, dans *Bianca e Faliero*, était un chef-d'œuvre de M. Sanquirico. Quant à la partition de Rossini, tout était réminiscence ; il ne fut pas applaudi, il fut presque sifflé. Le public se montra sévère ; un air fort difficile et chanté avec une perfection froide par madame Camporesi, ne le désarma pas. Cet air fut appelé l'air de *guirlande*, parce que Bianca le chante en tenant une guirlande à la main. Il n'y eut qu'un morceau neuf dans *Bianca e Faliero*, le quartetto ; mais ce morceau et le trait de clarinette surtout, sont au nombre des plus belles inspirations qu'aucun maître ait jamais eues. Je le dis hardiment, et si ce n'est avec vérité, du moins avec une pleine conviction, il n'y a rien dans *Otello* ou dans la *Gazza ladra* de comparable à ce quartetto ; c'est un moment de génie qui dure dix minutes. Cela est aussi tendre que Mozart, sans être aussi profondément triste. Je mets hautement ce quartetto au niveau des plus belles choses de *Tancrède* ou de *Sigillara*.

A peine ce morceau avait-il paru, qu'on le plaça dans la musique d'un ballet joué au même théâtre. Le même public l'entendit ainsi pendant six mois de suite, tous les soirs, sans en être jamais rassasié ; toujours à ce moment l'on faisait silence.

Lorsque je redoute d'avoir placé quelques exagérations dans le présent livre sur la musique, je n'ai qu'à me chanter la cantilène de ce quartetto, et aussitôt je me sens plein de courage ; une voix intérieure me dit : Tant pis pour ceux qui ne sentent pas ainsi. Pourquoi prennent-ils un livre qui n'est pas fait pour eux ?

CHAPITRE XXXIX

ODOARDO E CRISTINA

L'ANNÉE qui précéda *Bianca e Faliero*, Rossini avait joué un bien mauvais tour à un impresario de Venise ; le public de Milan ne l'ignorait pas, et la crainte d'applaudir de la vieille musique fut pour beaucoup dans le froid accueil fait à *Bianca*. Au printemps de 1819, l'impresario du théâtre de *San Benedetto* à Venise, avait engagé Rossini moyennant quatre ou cinq cents sequins ; prix énorme en Italie. Le libretto que l'impresario envoya à Naples était intitulé : *Odoardo e Cristina.*

Rossini, amoureux fou alors de mademoiselle Chomel, ne se détermina à quitter Naples que quinze jours avant celui où le théâtre de Venise devait ouvrir. Pour faire prendre patience à l'impresario, il lui avait expédié de temps à autre quantité de beaux morceaux de musique. A la vérité les paroles étaient un peu différentes de celles qu'on avait envoyées de Venise ; mais qui fait attention aux paroles d'un opéra seria ? C'est toujours *felicita,*

felice ognora, crude stelle, etc., et à Venise personne ne lit un libretto serio, pas même, je crois, l'impresario qui le paie. Rossini parut enfin, neuf jours seulement avant la première représentation. L'opéra commence, il est applaudi avec transport ; mais par malheur il y avait au parterre un négociant napolitain qui chantait le motif de tous les morceaux avant les acteurs. Grand étonnement des voisins. On lui demande où il a entendu la musique nouvelle. « Hé ! ce qu'on vous joue, leur
« dit-il, c'est *Ricciardo e Zoraïda* et *Er-*
« *mione* que nous avons applaudis à
« Naples il y a six mois ; je me demande
« seulement pourquoi vous avez changé
« le titre. De la plus belle phrase du
« duetto de *Ricciardo*,

  Ah ! nati in ver noi siamo,

« Rossini en a fait la cavatine de votre
« opéra nouveau ; il n'a pas même changé
« les paroles. »

Dans l'entr'acte et pendant le ballet, cette nouvelle fatale se répand bien vite au café, où les premiers dilettanti du pays étaient occupés à motiver leur admiration. A Milan, la vanité nationale eût été furibonde ; à Venise on se mit à rire. Le charmant Ancillo (poëte célèbre) fit sur-le-champ un sonetto sur le malheur de Venise et le bonheur de mademoiselle Chomel. Cependant l'impresario, furieux, et que ce bruit fatal allait ruiner, cherche Rossini ; il le trouve : « Que t'ai-je « promis ? lui répond celui-ci d'un grand « sang-froid, de te faire de la musique « qui fût applaudie. Celle-ci a réussi, *e tanto* « *basta*. Au reste, si tu avais le sens com- « mun, ne te serais-tu pas aperçu, aux « bords des cahiers de musique tout roussis « par le temps, que c'était de vieille « musique que je t'envoyais de Naples ? « Va, pour un impresario qui doit être « fripon et demi, tu n'es qu'un sot. »

De la part de tout autre, cette réponse eût mérité un coup de stylet ; mais l'impresario aimait la musique. Ravi de celle qu'il venait d'entendre pour la première fois, il pardonna les faiblesses de l'amour à un homme de génie[1].

Cette idée expéditive qui vint à Rossini pour Venise n'était que le *parti extrême* de sa manière de faire. L'essentiel pour lui, depuis quelques années, c'est de donner ses opéras en des lieux différents ; il y ajoute alors un ou deux morceaux réellement nouveaux ; tout le reste n'offre qu'une forme

---

[1] On m'écrit de Turin que madame Pasta y a donné *Odoardo e Cristina* avec le plus grand succès (1822). On a placé dans *Odoardo* les plus beaux morceaux des opéras de Rossini, inconnus à Turin.

nouvelle donnée à d'anciennes idées. C'est ainsi que le sentiment de la nouveauté, si essentiel au *beau musical*, manque souvent au dilettante instruit en entendant cette musique d'ailleurs si piquante et si vive.

De là l'extrême difficulté de répondre à cette question : Quel est le plus bel opéra de Rossini ?

Je laisse à part la question de la préférence que l'on peut accorder à la simplicité du style de *Tancrède* sur le luxe et les roulades changées en *motifs* du style de *Ricciardo e Zoraïde*.

Dans l'ouverture du *Barbier*, il y a un petit passage fort agréable. Hé bien ! ce motif est déjà dans *Tancrède*, et Rossini l'a repris plus tard dans *Élisabeth*. A cette dernière fois, il en a fait un duetto, et c'est celle des trois tentatives où il a le mieux réussi. C'est donc sous la forme de *duetto* qu'il faut avoir le bonheur de rencontrer cette charmante idée pour la première fois ; mais il faut implorer le hasard. Si vous l'avez déjà vue dans le *Barbier* ou dans *Tancrède*, il se peut très bien que le duetto vous impatiente. Si j'avais un piano et quelqu'un pour en bien jouer, je vous citerais trente exemples de ces transformations de Rossini.

Il y aurait un travail curieux à faire ;

ce serait la liste de tous les morceaux de musique *réellement différents* des opéras de Rossini, et ensuite la liste des morceaux *bâtis* sur la même idée, avec l'indication du duetto ou de l'air où elle est présentée avec le plus de bonheur.

J'ai vu à Naples, dans le cercle de mes connaissances, vingt jeunes gens en état de faire ce travail en deux jours, et avec autant de facilité qu'on écrirait à Londres un morceau de critique sur le onzième chant de *Don Juan;* ou à Paris, un grand article profond sur le crédit public, ou une diatribe plaisante sur les tours de page joués par le ministre à tel président du conseil. Il y a, à Naples, cent jeunes gens courant la société qui, au besoin, écriraient un opéra-comique comme *Ser Marc Antonio* ou le *Baron de Dolsheim*, et cela en six semaines. La différence, c'est que ces opéras ne coûteraient que quinze jours aux maestri qui ont reçu une éducation régulière dans les conservatoires.

Mes amis de Naples disaient qu'il n'y a rien au monde de si facile que de ressusciter cinquante chefs-d'œuvre de Paisiello ou de Cimarosa. Il faut d'abord attendre qu'ils soient complétement oubliés ; ce sera une affaire faite en 1825. On ne joue plus à Naples, de tous les opéras de Paisiello, que la *Scuffiara:* alors, quelque manœuvre élégant et spirituel, quelque maestro qui se repose et qui ne peut travailler pour cause de santé, M. Pavesi, par exemple, prendra le *Pirro* de Paisiello, supprimera les récitatifs, renforcera l'accompagnement, et ajoutera des *finale*. Le travail le plus important sera de transformer dans chaque acte, le morceau le plus original en *finale*. Peut-être que, chemin faisant, on retombera sur les airs les plus connus de nos grands maîtres actuels. Quel dommage pour moi si l'on allait déterrer le beau quartetto de *Bianca e Faliero !*

Au point où il en est, Rossini a le plus pressant besoin de quelques chutes bien piquantes et bien humiliantes. Malheureusement je ne vois guère que Naples ou Milan qui soient dignes de le siffler; partout ailleurs ce sera de la haine, mais non pas un jugement. Il a passé l'année 1822 à Vienne ; ce sera Londres qui le possédera, dit-on, en 1824. A Londres, Rossini, loin du théâtre ordinaire de sa gloire, n'en aura que plus de facilité à donner de la vieille musique pour nouvelle ; son défaut naturel va se renforcer.

Pour le piquer d'honneur, l'impresario de Londres devrait lui proposer de mettre en musique les libretti de *Don Juan* ou du *Mariage secret.*

CHAPITRE XL

DU STYLE DE ROSSINI

AVANT de finir, il faudrait dire un mot des particularités du style de Rossini ; c'est là une des nécessités de mon sujet. Parler peinture dans un livre et louer des tableaux est déjà d'une difficulté épouvantable ; mais les tableaux laissent au moins des souvenirs distincts, même aux sots. Que sera-ce de parler musique ! A quelles phrases singulières et ridicul s ne sera-t-on pas conduit ? — Le lecteur pense qu'il n'ira pas chercher les exemples bien loin.

La bonne musique n'est que notre *émotion*. Il semble que la musique nous fasse du plaisir en mettant notre imagination dans la nécessité de se nourrir momentanément d'illusions d'un certain genre. Ces illusions ne sont pas calmes et sublimes comme celles de la sculpture, ou tendres et rêveuses comme celles des tableaux du Corrége.

Le premier caractère de la musique de Rossini est une rapidité qui éloigne de l'âme toutes les émotions sombres si puissamment évoquées des profondeurs de notre âme par les notes lentes de Mozart. J'y vois ensuite une fraîcheur qui, à chaque mesure, fait sourire de plaisir. Aussi toutes les partitions semblent-elles lourdes et ennuyeuses auprès de celle de Rossini. Si Mozart débutait aujourd'hui, tel serait le jugement que nous porterions de sa musique. Pour qu'il pût nous plaire, il faudrait l'entendre quinze jours de suite ; mais on le sifflerait dès le premier. Si Mozart résiste à Rossini, si nous le préférons souvent, c'est qu'il est fort de notre antique admiration et du souvenir des plaisirs qu'il nous a donnés.

Ce sont en général les caractères les plus insensibles à la crainte du ridicule qui préfèrent hautement Mozart. Les amateurs vulgaires en parlent comme les littérateurs vulgaires de Fénelon. Ils le louent, et seraient au désespoir d'écrire comme lui.

Si la musique de Rossini n'est jamais pesante, elle lasse bien vite. Les amateurs les plus distingués d'Italie qui l'entendent depuis douze ans, commencent depuis quelque temps à demander du nouveau. Que sera-ce dans vingt années d'ici, quand le *Barbier de Séville* sera aussi vieux que le *Matrimonio segreto* ou le *Don Juan*?

Rossini est rarement triste, et qu'est-ce

que la musique sans une nuance de tristesse pensive ?

I am never merry when I hear sweet music [1] (Merchant of Venice), a dit celui des poëtes modernes qui a le mieux connu le secret des passions humaines, l'auteur de *Cymbeline* et d'*Othello*.

Dans ce siècle expéditif, Rossini a un avantage ; il se passe d'attention.

Dans un drame où la musique cherche à exprimer la nuance ou le degré de sentiment indiqué par les paroles, il faut prêter quelque attention pour être ému, c'est-à-dire pour avoir du plaisir. Il y a même quelque chose de plus rigoureux, il faut avoir de l'âme pour être ému. Dans une partition de Rossini, au contraire, où chaque air ou duetto n'est trop souvent qu'un brillant morceau de concert [2], il ne faut que le plus léger degré d'attention possible pour avoir du plaisir ; et, chose bien avantageuse, la plupart du temps il n'est pas nécessaire d'avoir ce que les gens romanesques appellent de l'âme.

Je sens bien que j'ai besoin de justifier une assertion aussi hardie. Voulez-vous ouvrir le piano et vous rappeler, dans le

---

1. « Je ne puis être gai quand j'entends une douce mélodie. »
2. Surtout dans les opéras écrits à Naples pour mademoiselle Colbrand.

Matrimonio segreto [1], Carolina se trouvant heureuse avec son amant à la première scène du premier acte ? Elle fait une réflexion tendre sur le bonheur dont ils pourraient jouir :

Se amor si gode in pace.

Ces paroles si simples ont produit une des plus belles phrases musicales qui existent au monde. Rosine, dans le *Barbier de Séville*, trouve son amant fidèle après l'avoir cru, dans toute la force du terme, un monstre d'ingratitude comme de bassesse, un homme qui la vendait au comte Almaviva ; Rosine, dans ce moment de bonheur, l'un des plus ravissants qu'il soit donné à l'âme humaine de connaître, l'ingrate Rosine ne trouve à nous chanter que des *fioriture*, apparemment celles que madame Giorgi, la première Rosine, exécutait avec grâce. Ces *fioriture*, dignes d'un joli concert, ne sont sublimes pour personne, mais Rossini a voulu les faire amusantes pour tout le monde, et il y a réussi. Il n'a pas d'excuse ; le bonheur dont je parle est trop grand pour n'être que de la joie. Tel est le principal défaut

[1]. Si je cite souvent *le Mariage Secret*, c'est qu'il est au nombre des trois ou quatre opéras parfaitement bien connus des quatre ou cinq cents dilettanti auxquels je m'adresse.

de sa seconde manière ; il compose ses partitions en écrivant les agréments que les chanteurs étaient dans l'habitude d'ajouter *ad libitum* aux chants des autres maîtres. Ce qui n'était qu'un accessoire plus ou moins agréable, il en fait souvent le principal. Voyez les battements si fréquents dans les rôles de Galli (*Italiana in Algeri, Sigillara, Turco in Italia, Gazza ladra, Maometto*, etc.). Il faut convenir que ces agréments ont une rare élégance, beaucoup de rapidité, souvent une fraîcheur séduisante, et changent avec succès un terzetto ou un air qui devrait avoir la couleur de tel sentiment, en un très joli et très brillant morceau de concert. Est-on curieux d'arriver à la même vérité par une autre route ? Rossini, comme tous les autres maîtres, a écrit ses opéras dans la confiance que les deux actes seraient séparés par une heure et demie de ballet ou d'entr'acte. En France, où le *naturel* n'est pas ce qui brille le plus dans la recherche des plaisirs, on croirait n'avoir pas assez de passion pour Rossini, si l'on n'écoutait pas de suite et sans désemparer, trois heures de sa musique. Cet excès musical, présenté avec tant d'esprit au public de l'Europe qui a le moins de patience et les meilleurs danseurs, est insupportable lorsqu'on représente *Don Juan* ou tel autre ouvrage *passionné*. Il n'est personne qui n'ait mal à la tête et qui ne soit mortellement fatigué à la fin des quatre actes des *Nozze di Figaro*; on croit être lassé de la musique pour huit jours : on est au contraire à mille lieues de ces mauvaises dispositions, quand on vient d'entendre de suite les deux actes de *Tancrède* ou de l'*Élisabeth*. La musique de Rossini, qui à chaque instant s'abaisse à n'être que de la musique de concert, s'accommode fort bien du bel arrangement du théâtre de Paris et sort brillante de cette épreuve. Dans tous les sens possibles, c'est de la musique faite exprès pour la France, mais elle travaille tous les jours à nous rendre dignes d'accents plus passionnés.

CHAPITRE XLI

OPINIONS DE ROSSINI SUR QUELQUES GRANDS MAITRES SES CONTEMPORAINS.
— CARACTERE DE ROSSINI

Rossini adore Cimarosa, il en parle les larmes aux yeux.

L'homme qu'il respecte le plus comme compositeur savant, c'est M. Chérubini de Paris. Que n'eût pas fait ce grand maître, si, en devenant sensible à l'harmonie allemande, son âme n'eût pas perdu tout amour ou plutôt toute sensibilité pour la mélodie de sa patrie !

Si Mayer écrivait encore, Rossini en aurait peur ; Mayer, en revanche de cette preuve d'estime, aime tendrement son jeune rival et avec toute la bonne foi d'un cœur bavarois.

Rossini a une très haute opinion de M. Pavesi, qui a écrit des morceaux de la première force ; il déplore le sort de cet artiste qui, jeune encore, est forcé à l'inaction par une santé languissante. J'ai ouï dire à l'auteur du *Barbier* qu'il n'y a rien à faire après Fioraventi, dans cette sorte de style bouffe qui s'appelle *nota e parola*. Il ajoutait qu'il ne concevait rien de plus absurde au monde que la prétention de vouloir essayer de la musique bouffe, après le point de perfection absolue où Paisiello, Cimarosa et Guglielmi ont porté ce genre.

Il est évident d'après cet aveu, qu'il ne voit pas l'existence d'une nouvelle sorte de *beau idéal*. Les hommes ont trop peu changé depuis Guglielmi, continue Rossini, pour qu'il soit possible de leur présenter une nouvelle sorte de *beau idéal;* attendons que dans cinquante ans un nouveau public proclame de nouvelles exigences, alors nous le servirons chacun suivant notre génie. J'abrège un peu le raisonnement de Rossini, mais je n'en altère pas le sens général. Je le vis un jour soutenir à ce sujet une thèse furibonde contre un pédant de Berlin, qui opposait des phrases de Kant aux *sentiments* d'un homme de génie. Je voudrais bien à ce sujet que le nord rentrât un peu en lui-même et se jugeât, lui, sa gaieté et sa capacité pour la musique. Il trouve trop bouffonnes certaines parties de la musique de Rossini (le *Miroir*, décembre 1821, parlant du *finale: cra cra* de l'*Italiana in Algeri*, dont le style n'est pourtant que de *mezzo carattere*). Quels signes de détresse n'auraient pas donnés ces pauvres littérateurs du Nord, s'ils se fussent rencontrés face à face avec la vraie musique bouffe, avec l'air *Signor si, lo genio è bello*[1] ! du pédant dans la *Scuffiara* de Paisiello, ou l'air *Amicone del mio core* de Cimarosa, etc., etc. ! Quand on est insensible à ce point aux prodiges d'un air, ne serait-il pas prudent et philosophique de se taire ?

Que le Nord s'occupe de sociétés bibliques et d'idées d'utilité, et d'argent ; qu'un pair d'Angleterre, riche de plusieurs millions, passe une journée à discuter gravement avec son homme d'affaires, une réduction de vingt-cinq pour cent à faire à ses nombreux fermiers ; le pauvre Italien qui voit ses chaînes rivées et les tyrannies qu'il endure redoublées par l'influence de ces gens si humains et si pieux, sait ce qu'il doit penser de tant de vertu[2]. Il jouit des arts, il sait goûter le *beau* sous toutes les formes dont la nature se plaît à l'environner, et regarde l'homme triste du Nord avec plus de pitié que de haine. *Que voulez-vous? ces gens tristes et*

---

1. En napolitain, le pédant dit à la marchande de modes : C'est une belle idée que tu as là de m'aimer ! Tu auras beau courir le monde, que pourras-tu trouver de comparable à moi ? Sera-ce en Asie ?..... sera-ce en Amérique ? etc.
2. Voyage de Sharp et d'Eustace, proclamation de lord Bentinck aux Génois ; les amiraux Nelson et Caraccioli. Anecdote du cadavre debout sur la mer.

pieux commandent à huit cent mille barbares qui aiment mieux notre climat que leurs neiges, me disait en baissant la tête le plus aimable des pauvres habitants de Venise ; *notre seule vengeance, c'est qu'ils crèvent d'ennui.*

Que l'homme puissant, du haut de son noble orgueil et du milieu de son luxe, abaisse un regard de pitié sur le pauvre Rossini qui, en treize ans de travaux sans relâche, et en ne se permettant jamais aucune dépense inutile, n'a pu arriver à mettre de côté soixante ou quatre-vingt mille francs pour ses vieux jours. Je répondrai : pauvreté n'est pas malheur pour ce grand homme ; un piano ou un sot suffit à son amusement. Quelque part qu'il se présente en Italie, dans la plus chétive auberge comme dans le salon d'un prince, le nom de Rossini suffit pour attirer tous les yeux ; on lui cède toujours la première place, ou celle qu'il occupe devient la première ; il se voit l'objet de transports et d'égards venant du cœur, que le plus grand seigneur n'obtient plus aujourd'hui en Italie qu'autant qu'il dépense gaiement cent mille francs par an. Rossini, jouissant par la gloire de tous les avantages de la grande opulence, ne voit sa pauvreté que lorsqu'il pense au nombre de pièces d'or qu'il possède. C'est à cause du rang unique qu'il occupe en Italie, qu'il était si gauche de lui conseiller de venir à Paris, où, après avoir été la chose curieuse pendant six semaines, il serait bien vite retombé à la suite de cinq cents conseillers d'État, ambassadeurs, généraux, etc., tous personnages plus importants que lui. En Italie, toutes les places ne sont que des mascarades aux yeux de la société, qui n'estime exactement que l'argent qu'elles rapportent.

Avant son mariage avec Mlle Colbrand (1821), qui lui a apporté vingt mille livres de rentes, Rossini n'achetait que deux habits par an ; du reste, il avait le bonheur de ne jamais songer à la prudence : or, qu'est la prudence autre chose pour un homme peu riche que *la peur de manquer?* Que les gens qui se proclament raisonnables fassent donc leur plaisir le plus doux de ce sentiment agréable : *la peur.* Rossini, sûr de son génie, vivait au jour le jour et sans songer au lendemain. Il peut être à la mode dans le Nord, mais jamais il ne plaira bien intimement à des gens si différents de lui. Ce qui peut arriver, c'est qu'il se forme une nouvelle génération moins affectée, moins prosternée devant la *noblesse* du style et qui ne s'épouvante pas tant du *cra cra* du *finale* de l'*Italiana in Algeri.* Alors on comprendra en France, 1º le *bonheur*, 2º *le génie* italiens.

Rossini et tous les Italiens estiment Mozart, mais pas autant que nous, mais plutôt comme symphoniste incomparable, qu'en sa qualité de compositeur d'opéras. Ils n'en parlent jamais que comme d'un des plus grands hommes qui aient jamais existé ; mais même dans *Don Juan*, ils trouvent les défauts de l'école allemande, c'est-à-dire pas de *chant pour les voix ;* du chant pour la clarinette, du chant pour le basson, mais rien ou presque rien pour cet instrument admirable lorsqu'il ne crie pas : la *voix humaine.*

J'ai entendu Rossini parler avec un accent sérieux, ce qui n'est pas peu dire pour lui, du seul talent qui eût pu balancer sa réputation et s'en faire une égale, Orgitano ; cet aimable jeune homme annonçait au monde un successeur de Cimarosa, lorsqu'il fut enlevé dans la fleur de la jeunesse (1803), nouvel exemple des dangers du génie. Il faut une organisation toute particulière, toute la folie et le feu des passions fortes, et cependant que ces passions ne vous dévorent pas dès l'entrée dans la vie. J'ai honte de cette phrase qui, en italien, serait toute simple.

Pour Paisiello, Rossini en parle comme du plus inimitable des hommes. Ce fut le génie du genre simple et de la grâce naïve, et il a rendu sa manière désormais impossible. Paisiello a obtenu les effets les plus étonnants avec la plus grande simplicité possible de mélodie, d'harmonie et d'accompagnements. Il n'y a plus de mélodie simple à entreprendre, dit Rossini ; dès qu'on y songe un quart d'heure il se trouve qu'on retombe dans Paisiello et qu'on le copie avant de le connaître. Rossini peut parler savamment des ouvrages de tous les maîtres ; il lui suffit d'avoir joué une seule fois sur le piano, une partition quelconque pour la savoir par cœur et ne plus l'oublier. Aussi, sait-il tout ce qui a été écrit avant lui ; et cependant on ne voit jamais d'autre papier de musique dans sa chambre que du papier blanc rayé.

Quel que soit le mot que la postérité dise sur Rossini, elle ne pourra s'empêcher de convenir qu'il est, pour la facilité du travail, ce que fut Paisiello pour la simplicité des mélodies.

CHAPITRE XLII

ANECDOTES

SI j'étais assuré que mes lecteurs voudront bien se rappeler que cet ouvrage-ci est une simple biographie, et que ce genre permet de descendre aux détails les plus simples, je raconterais un trait de paresse de Rossini. Dans une journée très froide de l'hiver de 1813, il se trouvait campé dans une mauvaise chambre d'auberge à Venise, et composait au lit pour ne pas faire de feu. Son duetto terminé (il faisait alors la partition de *il Figlio per azzardo*), la feuille de papier lui échappe des mains, et descend en louvoyant sur le plancher ; Rossini la cherche en vain des yeux, la feuille était allée tomber sous le lit. Il étend le bras hors du lit, et se penche pour tâcher de la saisir ; enfin, prenant du froid, il se renveloppe dans sa couverture et se dit : Je vais récrire ce duetto, rien de plus facile ; je m'en souviendrai bien. Mais aucune idée ne lui revient ; il est plus d'un quart d'heure à s'impatienter ; il ne peut se rappeler une note. Enfin il s'écrie en riant : « Je suis bien dupe ; je vais « refaire le duetto. Que les compositeurs « riches aient du feu dans leurs chambres, « moi je ne me donne pas la peine de « ramasser les duetti qui tombent ; d'ail-« leurs, c'est de mauvais augure. »

Comme il achevait le second duetto, arrive un de ses amis à qui il dit : Pourriez-vous m'avoir un duetto qui doit être sous mon lit ? L'ami atteint le duetto avec sa canne, et le donne à Rossini. « Maintenant, dit Rossini, je vais vous chanter les deux duetti, dites-moi celui qui vous plaît le plus ». L'ami du jeune compositeur donna la préférence au premier ; le second était trop rapide et trop vif pour la situation. Rossini en fit, sans perdre de temps, un terzetto pour le même opéra. La personne de qui je tiens l'histoire, m'assure qu'il n'y avait pas le moindre trait de ressemblance entre les deux duetti. Le terzetto fini, Rossini s'habille à la hâte, en jurant contre le froid, sort avec son ami pour aller se chauffer au Casin, et prendre une tasse de café ; et il envoie le domestique du Casin porter le duetto et le terzetto au copiste du théâtre de *San Mosè*, pour lequel il travaillait alors.

Pour l'Italie, rien n'est aimable comme la conversation de Rossini, et rien ne peut lui être comparé ; c'est un esprit tout de feu, volant sur tous les sujets, et y prenant une idée agréable, vraie et grotesque. A peine avez-vous saisi cette idée, qu'une autre lui succède. Une telle facilité serait plus étonnante qu'agréable, si le volcan de ces idées nouvelles n'était entrecoupé de récits charmants qui reposent. Ses courses éternelles, pendant douze années, composées d'arrivées et de départs, comme il le dit lui-même en parlant de sa vie, ses relations avec les artistes, les plus fous des hommes, et avec la partie gaie et heureuse de la haute société, l'ont abondamment fourni des anecdotes les plus bizarres sur la pauvre espèce humaine. « Je serais un grand sot d'inventer et de « mentir, dit Rossini[1], quand quelque « homme atrabilaire ou envieux gâte les « plaisirs de la société en lui contestant « la vérité de ses récits. Par état, j'ai « toujours eu affaire à des chanteurs et à « des cantatrices ; on connaît leurs ca- « prices, et plus j'étais célèbre, plus j'ai eu « à subir des caprices étranges. A Padoue,

---

1. S'il convient jamais à M. Rossini de contester quelque phrase de ces chapitres, je la désavoue par avance ; je serais au désespoir de manquer de délicatesse envers l'un des hommes pour qui j'ai le respect le plus senti. Je n'admets qu'une *noblesse*, celle des talents, ensuite celle de la haute vertu ; les gens qui ont fait de grandes choses ou qui sont immensément riches peuvent être admis ensuite.

« l'on m'a obligé à venir *faire le chat* dans
« la rue, tous les jours à trois heures du
« matin, pour être reçu dans une maison
« où je désirais fort entrer ; et comme
« j'étais un maître de musique orgueilleux
« de mes belles notes, on exigeait que mon
« miaulement fût *faux*. J'ai vu dans ma
« chambre, et j'aurais vu dans mon anti-
« chambre (si j'en avais eu), la plupart des
« amateurs riches d'Italie qui finissent
« toujours par se faire entrepreneurs de
« spectacle par amour pour quelque *prima*
« *donna*. Enfin, l'on dit que je n'ai pas été
« sans quelques succès auprès des femmes,
« et je vous prie de croire que ce ne sont
« pas les sottes que j'ai choisies. J'ai eu à
« souffrir d'étranges rivalités ; j'ai changé
« de ville et d'amis trois fois par an pen-
« dant toute ma vie ; et, grâce à mon nom,
« presque partout j'ai été présenté et
« intime avec tout ce qui en valait la
« peine, deux fois vingt-quatre heures
« après mon arrivée quelque part, etc., etc. »

Rossini a le grand malheur de ne rien respecter que le génie ; il ne ménage rien, il ne se refuse rien dans ses plaisanteries ; tant pis pour qui est ridicule : mais il n'est point méchant ; il rit le premier comme un fou de ses plaisanteries et puis les oublie. On l'invite à chanter à Rome, chez un cardinal, un *caudataire* s'approche pour le prier de ne chanter que le moins possible des chants d'amour ; Rossini chante des polissonneries en *bolonais* que personne ne comprend ; il rit et pense à autre chose. Sans cette fertilité et cette rapidité dans l'esprit, il n'aurait pu suffire à ses ouvrages. Songez qu'il s'est toujours beaucoup amusé ; qu'étant pauvre, il ne peut se faire aider dans la moindre chose pour ses partitions, et que cependant, avant l'âge de trente-deux ans, il a donné quarante-cinq opéras ou cantates.

Rossini a un talent incroyable pour contrefaire les gens qui l'approchent. Il trouve de quoi faire rire aux éclats, dans le geste et la tournure de ceux de ses amis qui semblent les plus remarquables par la simplicité de leurs manières. Vestris, le premier acteur comique de l'Italie et peut-être du monde [1], lui disait qu'il aurait eu un talent décidé pour le métier d'acteur. Rossini parodie d'une manière étonnante De' Marini, comédien emphatique et quelquefois sublime qui passe pour le premier talent d'Italie. Quand Rossini se met à faire De' Marini, on commence par rire de la ressemblance, et l'on finit par

1. Le comique, en Italie, c'est se tromper dans la route du bonheur que l'on brûle d'atteindre, et ce bonheur n'est pas toujours et uniquement placé dans l'imitation des manières de la haute société.

être ému. Je parle des gens sensibles à la déclamation française et chantante. Comme Alfieri a suivi strictement Racine et Voltaire tout en injuriant la France, de même les acteurs italiens chantent les vers comme les chantaient les acteurs français que Mlle Raucourt mena en Italie par privilège impérial, vers l'an 1808. Comme les acteurs français aussi, ils ne sont bons que dans le comique, où la rapidité du débit empêche le *chant* jusqu'à un certain point. Vestris seul est exempt d'affectation, et mérite certainement une réputation européenne. Je n'ai mis ici ces deux ou trois idées que parce qu'elles ont été souvent un sujet de débat entre Rossini et l'un de ses admirateurs ; Rossini, en *Italien patriote*, soutient que tout est parfait en Italie (excepté certains personnages), et que nous ne sommes que des jaloux de mauvaise foi lorsque nous n'en convenons pas. Cela vaut bien le *Constitutionnel* et le *Miroir* parlant *musique* et *honneur national*. Animé par les discussions du parti romantique, qui, en Italie, prétend qu'il ne faut pas chanter les vers, Rossini s'avisa en 1820 de prendre un rôle dans une comédie bourgeoise de Naples, où jouaient des jeunes gens de la première distinction. De' Marini était au nombre des spectateurs, et convint, ainsi que nous tous, que Rossini était étonnant. « Il lui manque, disait De' « Marini, l'usage des planches, du reste il « est impossible d'être plus vrai, et il n'y « a pas deux acteurs en Italie capables de « le faire oublier dans un rôle qu'il aurait « adopté. »

Rossini fait des vers tant qu'on veut pour ses opéras, et souvent corrige un peu l'emphase des *libretti seri* qu'on lui présente. Il est le premier à s'en moquer ; quand il a fini un air, il déclame devant les amis qui se trouvent autour de son piano, et en en faisant ressortir tout le ridicule, les étranges paroles dont il vient de faire la fortune par sa musique. Quand il a fini de rire : *E però, in due anni questo si canterá da Barcelona a Pietroburgo* (et pourtant dans deux ans cela se chantera de Barcelone à Pétersbourg) : *gran trionfo della musica!* Par un goût naturel, bien rare en son pays, Rossini est ennemi né de l'emphase. Il faut savoir qu'en Italie l'emphase est pour les beaux-arts ce que sont ici la recherche, l'affectation, le bel esprit et la froideur maniérée. Tout indique que la nature avait donné à la musique dans Rossini un beau génie pour le genre de *mezzo carattere*. Le malheur a voulu qu'il ait trouvé à Naples mademoiselle Colbrand reine du théâtre ; un malheur plus grand a été qu'il ait pris de l'amour pour elle ; s'il eût rencontré à sa place une actrice bouffe, la Marcolini, par exemple, ou la Gafforini dans la fleur de la jeunesse, au lieu de nous donner des plaies d'Égypte, il eût continué à faire des *Pietra del Paragone* et des *Italiana in Algeri*. Mais nous, pour n'être pas indignes des grands hommes, songeons à apprendre à aimer un grand génie malgré les nécessités que ses passions, sa position, ou le mauvais goût de ses contemporains ont imposées à son talent. En aimerons-nous moins le Corrége, parce que le goût plus ou moins baroque des chanoines de son temps l'a obligé à peindre des coupoles, et à présenter de grandes figures dans d'étonnants raccourcis, *di sotto in sù ?*

DERNIER MOT

Vif, léger, piquant, jamais ennuyeux, rarement sublime, Rossini semble fait exprès pour donner des extases aux gens médiocres. Cependant, surpassé de bien loin par Mozart dans le genre tendre et mélancolique, et par Cimarosa dans le style comique et passionné, il est le premier pour la vivacité, la rapidité, le piquant et tous les effets qui en dérivent.

Aucun opéra buffa n'est écrit comme *la Pietra del paragone*. Aucun opéra seria n'est écrit comme *Otello* ou *la Donna del Lago*. *Otello* ne ressemble pas plus aux *Horaces* qu'à *Don Juan ;* c'est une œuvre à part. Rossini a peint cent fois les plaisirs de l'amour heureux, et, dans le duetto d'Armide, d'une manière inouïe jusqu'ici ; quelquefois il a été absurde, mais jamais il n'a manqué d'esprit, pas même dans l'air gai de la fin de la *Gazza ladra*. Enfin, également hors d'état jusqu'ici d'écrire sans fautes de sens, ou sans déceler au bout de vingt mesures la présence du génie, depuis la mort de Canova, Rossini se voit le premier des artistes vivants. Quel rang lui donnera la postérité ? C'est ce que j'ignore.

Si vous vouliez me promettre le secret, je dirais que le style de Rossini est un peu comme le Français de Paris, vain et vif plutôt que gai ; jamais passionné, toujours spirituel, rarement ennuyeux, plus rarement sublime.

LISTE CHRONOLOGIQUE [1]

DES ŒUVRES DE GIOACCHINO ROSSINI
né à Pesaro le 29 février 1792

Au mois d'août 1808, Rossini composa au lycée de Bologne une symphonie et une cantate intitulée *Il pianto d'Armonia*.

1. Demetrio e Polibio ; c'est le premier ouvrage de Rossini ; il l'écrivit dit-on au printemps de 1809, mais cet opéra n'a été exécuté qu'en 1812, à Rome, au théâtre *Valle*. Il fut chanté par le tenor Mombelli, ses deux filles, Marianne et Esther, et le basso Olivieri. Rien ne prouve que par coquetterie Rossini n'ait pas un peu retouché cette mu-

---

[1]. La musique ne laisse aucun monument en Italie ; je me suis vu souvent dans la nécessité d'écrire vingt lettres pour savoir avec précision l'époque de la composition d'un opéra, et souvent l'on m'a donné en réponse trois ou quatre dates également probables. J'ai des lettres qui me disent que *Ciro*, opéra de Rossini, a été représenté pour la première fois en deux villes et en trois années différentes. Par ces considérations, je prie le lecteur bénévole de pardonner quelques erreurs de détail ; il fallait beaucoup plus de temps et de patience que je n'en ai pour lui présenter une véritable histoire de Rossini, inattaquable dans toutes ses assertions. Tout ce que je puis espérer, c'est que les conclusions générales que l'auteur tire des faits montreront que suivant sa manière de voir et de sentir, il les a envisagées d'une manière correcte.

sique en 1812. M. Mombelli est son parent. Le libretto fut écrit par madame Viganó Mombelli, mère de Marianne Mombelli aujourd'hui madame Lambertini, et de mademoiselle Esther Mombelli, qui chante encore et fort bien. (1817.)

2. LA CAMBIALE DI MATRIMONIO, 1810 *farsa* (*farsa* veut dire opéra en un acte) écrit à Venise pour la *stagione dell' autunno*[1]. Cet opéra a été le premier ouvrage de Rossini exécuté sur la scène : il fut chanté à *San-Mosè* par Rosa Morandi, Luigi Raffanelli, Nicola de Grecis, Tommaso Ricci.

3. L'EQUIVOCO STRAVAGANTE, 1811, *autunno*. Écrit à Bologne pour le théâtre *del Corso*. Chanteurs, Marietta Marcolini, Domenico Vaccani, Paolo Rosich.

4. L'INGANNO FELICE, 1812. Carnaval, Venise, théâtre *San-Mosè*. Chanteurs, Teresa Belloc, Rafaele Monelli, Luigi Raffanelli, Filippo Galli.

Galli eut le plus grand succès dans le

---

[1]. Je laisse leurs noms italiens aux saisons théâtrales ; nous n'avons point d'usages correspondants, et par conséquent toute traduction serait inexacte. On sait qu'à chaque saison les troupes chantantes se renouvellent. La *stagione del carnovale* commence le 26 décembre ; la *primavera* commence le 10 avril, et l'*autunno* le 15 août. Dans certaines villes, les époques de l'*autunno* et de la *primavera* varient un peu : à Milan, il y a quelquefois un *autunnino*. Quant au carnaval, il commence invariablement le jour de la seconde fête de Noël.

rôle du paysan Tarobotto, chef des mineurs. C'est le premier des ouvrages de Rossini qui soit resté au théâtre. Il y a un terzetto célèbre écrit pour madame Belloc [1], Galli et le tenor Monelli.

5. CIRO IN BABILONIA, oratorio, 1812. Écrit à Ferrare, pour le carême. Cet oratorio fut exécuté au *teatro communale* par M^ta Marcolini, Elisabetta Manfredini, Eliodoro Bianchi.

6. La SCALA DI SETA, *farsa*, 1812. Venise, *primavera*. Exécuté au théâtre *San-Mosè* par Maria Cantarelli, Rafaele Monelli tenor, Tacci et de Grecis excellent *buffo cantante*, qui est encore au théâtre en 1823.

7. LA PIETRA DEL PARAGONE, 1812, Milan, *autunno*. Chanté à *la Scala* par M^ta Marcolini prima donna, Claudio Bonoldi tenor, Filippo Galli.

8. L'OCCASIONE FA IL LADRO, *farsa*, 1812, Venise, *autunno*. Chanté au théâtre *San-Mosè* par la jolie Graciata Canonici, qui depuis a fait les beaux jours du théâtre *dei Fiorentini* à Naples, où Pellegrini lui donna des leçons ; par l'excellent bouffe Luigi Pacini, et par Tommaso Berti.

---

[1]. Qui chante encore avec succès, en 1823, au théâtre de *la Scala* ; sa voix est aussi belle qu'il y a dix ans. Madame Belloc, fille d'un officier cisalpin chassé de sa patrie, a débuté à Bourg en Bresse au mois de janvier 1800.

9. Il Figlio per azzardo, *farsa*, 1813, Venise, carnaval, au théâtre *San-Mosè*. Exécuté par Teodolinda Pontiggia, Tommaso Berti, Luigi Raffanelli et de Grecis. Ces deux derniers bouffes sont du premier mérite.

10. Tancredi, 1813, Venise, carnaval, au grand théâtre *della Fenice*. Opéra séria, le premier de ce genre écrit par Rossini (à l'exception de *Demetrio e Polibio* qui n'a été joué qu'en 1812), chanté par mesdames Malanotti, Elisabeth Manfredini et par Pietro Todran.

11. L'Italiana in Algeri, 1813, Venise, *estate*, chanté au théâtre de *San-Benedetto* par M^{ta} Marcolini, le tenor Sarafino Gentili et Filippo Galli, si plaisant dans la belle scène du serment au deuxième acte, que l'envie étayée par la pruderie a fait supprimer à Paris.

12. Aureliano in Palmira, 1814, Milan, carnaval. Chanté au théâtre de *la Scala* par Velluti, Lorenza Corea, le tenor Luigi Mari, Giuseppe Fabris, Eliodoro Bianchi, Filippo Galli. Le premier acte est écrit beaucoup plus haut que le second : c'est qu'il fut composé pour Davide qui prit la rougeole, et ne put pas chanter ; le second acte fut écrit pour Luigi Mari, qui chanta le rôle du tenor d'abord destiné à Davide. Cette troupe est une des plus

remarquables qui aient existé depuis vingt ans. Velluti a du succès, l'opéra tombe, Rossini vivement piqué songe à changer son *style*.

13. Il Turco in Italia, 1814, Milan, *autunno*, théâtre de *la Scala*, demi-succès. Chanté par madame Festa Maffei, Davide, Galli et Luigi Paccini.

14. Sigismondo, 1814, Venise, théâtre *della Fenice*. Quelques soins que je me sois donnés, je n'ai pu avoir aucun détail sur cet opéra séria. La liste que je présente ici m'a coûté l'ennui d'écrire plus de cent lettres. L'on m'a envoyé comme étant du *Sigismondo*, des morceaux de musique dignes de M. Puccita (compositeur attaché à madame Catalani).

15. Elisabetta, 1815, Naples, *autunno*. Chanté à *San-Carlo*, par mademoiselle Colbrand, mademoiselle Dardanelli, Nozzari et Garcia. Début de Rossini à Naples.

16. Torvaldo e Dorlisca, 1816, Rome, carnaval. Chanté au théâtre *Valle* par Adélaïde Sala, le tenor Donzelli, et les deux excellentes voix de basse Galli et Rainiero Remorini. L'Italie possède en 1823 quatre voix de basse excellentes : La Blache, Galli, Zuchelli et Remorini, et en seconde ligne Ambrosi.

17. Il Barbiere di Siviglia, 1816,

Rome, carnaval. Chanté au théâtre d'*Argentina* par madame Giorgi Righetti, et par Garzia, B. Botticelli et l'excellent bouffe Luigi Zamboni, qui établit le rôle de Figaro.

18. LA GAZZETTA, 1816, Naples, *estate*, demi-succès. Chanté au théâtre *dei Fiorentini* par deux bouffes du premier mérite : Felice Pellegrini et Carlo Casaccia le Brunet de Naples, et la jolie Margherita Chabran, l'élève de Pellegrini.

19. L'OTELLO, 1816, Naples, *inverno*. Chanté au théâtre *del Fondo* (joli théâtre rond qui sert de succursale à *San-Carlo*) par mademoiselle Colbrand, Nozzari, Davide et la basse Benedetti.

20. LA CENERENTOLA, 1817, Rome, carnaval. Chanté au théâtre *Valle* par Gertrude Righetti, Catterina Rossi, Giuseppe de'Begnis et Giacomo Guglielmi.

21. LA GAZZA LADRA, 1817, Milan, *primavera*. Chanté à la Scala par Teresa Belloc, Savino Monelli, V. Botticelli, Filippo Galli, Antonio Ambrosi et mademoiselle Galianis.

22. ARMIDA, 1817, Naples, *autunno*. Chanté au théâtre de *San-Carlo* par mademoiselle Colbrand, Nozarri et Benedetti. Duetto célèbre.

23. ADELAIDE DI BORGOGNA, 1818, Rome, carnaval. Chanté au théâtre *Ar-*

gentina par Elisabeth Pinotti, Elisabeth Manfredini, Savino Monelli, tenor et Gioacchino Sciarpelletti.

24. Adina o sia il Califfo di Bagdad. Rossini envoya cet opéra à Lisbonne, où il fut joué en 1818 au théâtre *San-Carlo*.

25. Mosè in Egitto, Naples, 1818. Chanté au théâtre *San-Carlo* pendant le carême, par mademoiselle Colbrand, Nozzari et Matteo Porto dont la voix superbe eut un grand succès dans le rôle de Pharaon. Nous avons grand tort de ne pas engager Porto au théâtre Louvois.

26. Ricciardo e Zoraide, 1818, Naples, *autunno*, *San-Carlo*. Chanté par mademoiselle Colbrand, Nozzari, Davide, Benedetti.

27. Ermione, 1819, Naples. Chanté pendant le carême au théâtre *San-Carlo* par mademoiselle Colbrand, mademoiselle Rosmunda, Pisaroni, Nozzari et Davide. Le libretto est une imitation d'*Andromaque*. Rossini s'était rapproché du genre de Gluck ; les personnages n'avaient guère d'autre sentiment à exprimer que la colère ; demi-chute.

28. Edoardo e Cristina, 1819, Venise, *primavera*. Chanté au théâtre *San-Benedetto* par Rosa Morandi, Carolina Cortesi, l'une des plus jolies actrices qui aient paru sur la scène en ces derniers temps, et

par Eliodoro Bianchi et Luciano Bianchi.

29. LA DONNA DEL LAGO, 4 octobre 1819, Naples. Chanté au théâtre *San-Carlo* par mademoiselle Pisaroni, l'une des moins jolies figures qu'on puisse rencontrer, et par mademoiselle Colbrand, Nozzari, Davide et Benedetti.

30. BIANCA E FALIERO, 1820, Milan, carnaval. Chanté à *la Scala* par Caroline Bassi, la seule cantatrice qui se rapproche un peu du grand talent de madame Pasta, Violante Camporesi, Claudio Bonoldi, Alessandro de' Angelis.

31. MAOMETTO SECONDO, 1820, Naples, carnaval, au théâtre *San-Carlo*. Je n'ai pu me procurer les noms de tous les chanteurs. On m'écrit que Galli joua le rôle de Mahomet aussi bien que le *Fernando* de la *Gazza ladra*.

32. METILDE DI SHABRAN, 1821, Rome, carnaval, au théâtre d'*Apollo*, le seul théâtre passable de cette grande ville, bâti sous les Français. Cet opéra fut chanté par la jolie Catterina Liparini, Anetta Parlamagni, Giuseppe Fusconi, Giuseppe Fioravanti, Carlo Moncada, Antonio Ambrosi, Antonio Parlamagni.

33. ZELMIRA, 1822, Naples, *inverno*, chanté à *San-Carlo* par mademoiselle Colbrand, Nozzari, Davide, Ambrosi, Benedetti, et mademoiselle Cecconi.

34. Semiramide, 1823, Venise, carnaval, au grand théâtre *della Fenice*, opéra dans le style allemand, chanté par madame Colbrand-Rossini, Rosa Mariani, excellente voix de contralto, Sinclair, tenor anglais, Filippo Galli et Lucio Mariani.

Rossini a composé plusieurs cantates ; je connais les neuf suivantes :
1. Il pianto d'Armonia, 1808, exécutée au Lycée de Bologne. C'est le début de Rossini, le style est comme les parties faibles de l'*Inganno felice*.
2. Didone abbandonata, écrite pour mademoiselle Esther Mombelli, en 1811.
3. Egle e Irene, 1814, écrite à Milan pour madame la princesse Belgiojoso, l'une des plus aimables protectrices de Rossini.
4. Teti e Peleo, 1816, écrite pour les noces de S. A. R. madame la duchesse de Berri, chantée au théâtre *del Fondo* à Naples, par mesdemoiselles Colbrand, Girolama Dardanelli, Margheritta Chabran, Nozzari et David.
5. Igea, 1819, Cantate à une seule voix[1], écrite en l'honneur de S. M. le roi de Naples, et chantée par mademoiselle Colbrand le 20 février 1819 au théâtre *San-Carlo*.

---

1. A trois voix, dit M. Prunières. N. D. L. E.

6. Partenope, Cantate exécutée devant S. M. François 1er, empereur d'Autriche, le 9 mai 1819, lorsque ce prince parut pour la première fois au théâtre *San-Carlo*. Cette cantate fut chantée par mademoiselle Colbrand, Davide et Gio.-B^{ta} Rubini.

7. La Riconoscenza, 1821, pastorale à quatre voix, exécutée à *San-Carlo* le 27 décembre 1821, pour le bénéfice de Rossini. Cette cantate fut chantée par mesdemoiselles Dardanelli et Comelli (Chomel), et par Rubini et Benedetti. Rossini quitta Naples le lendemain et vint à Bologne, où il épousa mademoiselle Colbrand.

8. Il vero omaggio, 1823, cantate exécutée à Vérone durant le congrès, et en l'honneur de S. M. l'empereur d'Autriche. Cette cantate fut chantée au théâtre des *Filarmonici* par mademoiselle Tosi, jeune et belle cantatrice, fille d'un avocat célèbre de Milan, et par Velluti, Crivelli, Galli et Campitelli.

9. Un hymne patriotique, à Naples en 1820.

Autre hymne du même genre, à Bologne en 1815. Le même péché fit jadis jeter en prison Cimarosa.

Si le présent livre a une seconde édition, je supprimerai la plus grande partie des analyses d'*Otello*, de la *Gazza ladra*, d'*Elisabeth*, etc., et je placerai ici une esquisse rapide du talent de tous les compositeurs vivants, chanteurs et cantatrices, qui jouissent de quelque renom en Italie.

Ce volume offrira alors une esquisse complète de l'état actuel de la musique en Italie. Je donnerai des notices développées sur Saverio Mercadante, auteur d'*Elisa e Claudio* et de l'*Apothéose d'Hercule* ; sur M. Caraffa, auteur de *Gabriella de Vergy* ; sur Pacini, qui a fait un duetto sublime dans le *Baron de Dolsheim* ; sur MM. Meyerbeer, Pavesi, Morlacchi, auteurs de l'*Isolina* et du *Coradino*, etc., etc. Malheureusement jusqu'ici ces messieurs imitent tous Rossini.

CHAPITRE XLIII[1]

UTOPIE DU THÉATRE ITALIEN

PROBABLEMENT un des jeunes gens de vingt-six ans qui lisent ce chapitre, sera ministre de la maison du roi, ou administrateur des opéras, d'ici à quinze ans.

Un ministre songe au cours de la rente et à conserver sa place. Il est donc fort inutile d'adresser des observations à Son Excellence ; mais un jeune homme, en rentrant le soir de sept à huit salons bien lourds, où il est allé préparer sa grandeur future, peut ouvrir une brochure par désœuvrement ; et heureuse entre toutes les autres, la brochure ouverte en cet instant, il faut qu'elle soit bien vide pour ne pas gagner au contraste.

Supposons donc qu'un homme de sens soit ministre de la maison du roi ; voici

---

1. Les notes relatives à ce chapitre, qui sont désignées par des lettres capitales, ont été fournies par un ancien administrateur des théâtres. L'auteur prévient, dans la première édition, qu'il a cru ne pas devoir changer une seule expression à ces notes écrites au crayon en marge de son manuscrit. (*Note de l'édition de* 1854.)

C'est pour ce chapitre que Stendhal avait obtenu la collaboration de son ami le baron de Mareste. N. D. L. E.

les faits et les raisonnements que je voudrais que cet homme de sens eût connus dans sa jeunesse.

L'administration actuelle de l'Opéra-Buffa fait un secret d'État du montant de ses recettes. On sait seulement qu'elle a droit à une subvention de 120,000 francs sur la liste civile. Que devient cette somme? Dans la poche de qui va-t-elle se perdre? Questions indiscrètes. Je n'ai aucun rapport avec l'administration de l'Opéra-Buffa ; je ne puis donc établir qu'à l'aide du raisonnement et des probabilités tous les chiffres que je vais citer. Si l'administration nie mes calculs, elle pensera sans doute que la seule manière irréfutable de les réfuter, c'est de publier la vérité des faits.

Les recettes ordinaires faites à la porte du théâtre varient de 1800 à 900 francs. Je les estime à 1200 francs par jour de représentation. Il y en a trois par semaine ; cela fait par an .... 122,800 fr.

La location des loges (toutes à l'année depuis deux ans) produit environ 2400 francs par jour de représentation, ce qui fait pour l'année......... 345,600

Total de la recette présumée................................. 468,400 fr.

CALCUL APPROXIMATIF DES DÉPENSES DE L'OPÉRA-BUFFA[1].

Appointements.

Mme Pasta...............................	35,000 fr.
(et un bénéf. de 15,000 fr.)	
Mlles Buonsignori......................	20,000 fr.
Cinti.......................	15,000
Mori.......................	10,000
De Meri..................	7,000
Rossi......................	5,000
Goria.....................	4,000
MM. Garcia......................	30,000
Zuchelli...................	24,000
Pellegrini.................	21,000
Bordogni..................	20,000
Bonoldi....................	18,000
Levasseur.................	12,000
Lodovico Bonoldi.......	6,000
Graziani...................	8,000
Proffetti...................	6,000
Auletta....................	4,000
Barilli, régisseur.........	8,000
Appointements du chant, total...........	253,000 fr.

[1]. Je me règle d'après le budget du Théâtre du Roi (Opéra-Italien) à Londres. Ce budget est fort bon à connaître. La dépense totale est de 1.200.000 fr. à Londres. J'ai consulté le cahier des charges du théâtre de *la Scala* de Milan.

Chœurs et orchestre..........	80,000
Vestiaire et décors	55,000
	135,000 fr.
Frais d'administration, chauffage (beaucoup d'abus), éclairage, pompiers, garde, etc., etc......................	60,000
Total approximatif des frais..............	448,000
La recette est de......	468,000
Balance..................	20,000 fr.

En supposant ce calcul exact, et il doit approcher de la vérité, il existe un bénéfice de 20,000 francs. *Que devient ce bénéfice*[1] ? Que devient la subvention de 120,000 francs que S. M. veut bien accorder pour le Théâtre Italien, qui fut avant la révolution le Théâtre de Monsieur ? Voilà deux questions auxquelles je défie de faire une réponse satisfaisante.

Ce qu'il y a de plus urgent, c'est de tirer l'Opéra-Italien des griffes de ses plus mortels ennemis, une administration composée de musiciens français.

---

1. J'insiste sur cette somme de vingt mille francs. J'ai tout lieu de croire que ce qui *désespère* l'administration subalterne, c'est qu'il y a bénéfice sur le théâtre de Louvois.

Il faut donner à l'enchère l'entreprise de l'Opéra-Italien.

Il faut faire un cahier des charges, arrangé d'après le cahier des charges du théâtre de la *Scala* à Milan, qui, sous Napoléon, de 1805 à 1814 est allé parfaitement bien.

L'entrepreneur devrait se soumettre au cahier des charges. M. le chevalier Petrachi, ancien chef de bureau au ministère des finances du royaume d'Italie, et sous le nom duquel a été pendant plusieurs années l'entreprise du théâtre de la *Scala* à Milan, a été en 1822 l'un des chefs du Théâtre-Italien de Londres. Il entend fort bien ce genre d'administration et pourrait être consulté pour donner les bonnes traditions. Il accepterait probablement un emploi au théâtre Louvois. M. Benelli pourrait être fort utile.

Le premier article du cahier des charges devrait être la condition de donner dix opéras nouveaux pour Paris, chaque année, dont huit d'auteurs vivants, et, parmi les huit, *deux composés expressément* pour le théâtre de Paris.

Remarquez que nous n'avons pas eu encore à Louvois un opéra écrit expressément pour la voix de madame Pasta.

Le seconde condition serait de donner quarante décorations nouvelles chaque année, lesquelles devraient être faites par un peintre ayant travaillé au moins deux ans pour les théâtres de la *Scala*, de *San-Carlo*, de *Turin* ou de la *Fenice* à Venise. Dix-huit mois au plus après le jour où l'on s'en serait servi pour la première fois, une décoration serait nécessairement vendue ou détruite (à la *Scala*, une décoration peinte par Sanquirico ou Tranquillo coûte 400 francs. La même faite à Paris coûte 3000 francs) (A).

A. Engager tout simplement Sanquirico et un de ses élèves, à tant par an ou tant par décoration ; il y aura encore économie. Ici je crois qu'il faudrait dire un mot de l'immense supériorité des décorations italiennes sur les nôtres, et ajouter quelques détails exacts sur la différence des prix. Si, par exemple, on pouvait établir comme fait que les décorations de *la Lampe merveilleuse* ont coûté cent mille francs, et que le même nombre de toiles, en somme les mêmes décorations, n'auraient coûté que douze mille francs à Milan ; que, sous le rapport de l'art, les décorations italiennes auraient été bien supérieures*, il me semble que ce simple exposé frapperait tous les lecteurs non intéressés. Mais que de gens sont intéressés à déguiser l'abus que je signale ! Interroger M. Aumer, l'auteur du ballet d'*Alfred le Grand*, sur le prix des décorations à Milan.

Si l'on ne veut pas de Sanquirico par esprit national, que l'on engage Daguerre ; il a beaucoup de talent, et qu'on le fasse peindre à détrempe et non à l'huile ; que toute décoration soit mise de côté après avoir servi cent fois. C'est encore traiter le public de Paris avec bien de la mesquinerie. En Italie, les décorations sont barbouillées après quarante représentations au plus, souvent après trois jours.

Le ventilateur du théâtre Louvois vient de coûter trente-huit mille francs, et l'on y prend mal à la tête au bout d'une heure. Je serais curieux de voir le compte de cette dépense de trente-huit mille francs. Les abus sur l'achat

* Voir *Rome Naples et Florence en* 1817, page 10.

La somme que Sa Majesté daigne accorder aux plaisirs des *dilettanti* de sa capitale et de l'Europe [1], serait payée de mois en mois et par douzièmes à l'entrepreneur du Théâtre-Italien. Mais voici comment elle lui serait payée ; ce serait sur le *bon à payer* d'une commission formée d'abord de neuf amateurs nommés par les personnes ayant actuellement des loges louées au Théâtre-Italien [2].

Cette commission serait portée à douze, au moyen de deux membres de l'Institut et d'un avocat désignés par le ministre. Toute la commisison serait renouvelée chaque année avec faculté au ministre de désigner les mêmes personnes que l'année précédente. Les personnes louant les loges pourraient aussi nommer les mêmes délégués (B).

---

du bois sont peut-être encore plus comiques. Il faudrait acheter vingt thermomètres, et que le commissaire de police les fît maintenir au degré indiqué d'après la température extérieure. Pourquoi allumer du feu quand l'air extérieur est à dix degrés ? Le gaz échauffe beaucoup.

1. Cette somme devrait donc être portée au budget de la ville de Paris, dont les habitants ont le plaisir de la musique, et dont l'*octroi* fait des bénéfices par la présence de dix mille étrangers riches.

2. L'élection peut se faire de la manière la plus simple, au moyen d'un registre déposé à l'administration du théâtre.

B. Comme l'esprit français est un peu moutonnier en affaires de spectacles, il faudrait appuyer de divers exemples l'organisation de cette commission, et dire que de temps immémorial le grand théâtre de Turin, l'un des premiers de l'Italie, est sous la direction d'une société de nobles

Il y aurait une assemblée le 20 décembre de chaque année (au commencement de la saison), dans laquelle les délégués rendraient compte à toutes les personnes louant les loges, de l'état de l'administration.

L'entrepreneur pourrait employer des chanteurs français ; mais il lui serait défendu d'en faire chanter plus d'un dans chaque opéra. Il ne faut pas nous exposer à des représentations comme celle des *Nozze de Figaro*, du 13 septembre 1823, et dans laquelle nous avons eu le plaisir d'entendre chanter à la fois quatre chanteuses françaises, mesdemoiselles Demeri,

(*dei cavalieri*) qui ont à peu près les fonctions que l'auteur attribuerait aux propriétaires de loges à l'année du théâtre de Louvois. Je crois qu'il en est de même à Bologne pour le théâtre Communal (le grand théâtre). *La Pergola* de Florence est pareillement sous l'inspection des notables ; et j'ai ouï dire qu'il en est de même dans plusieurs autres villes d'Italie. Le théâtre du Roi à Londres est dirigé par la haute noblesse, qui le donne à entreprise. L'auteur ne propose rien qui ne soit raisonnable, et dont on n'ait éprouvé ailleurs les bons résultats depuis nombre d'années. Voici les noms des personnes chargées de l'administration du Théâtre-Italien à Londres pour 1824 :

   Les lords Hertford,
    Lowther,
    Aylesford,
    Mountedgecumb,
Et M. le comte Santantonio, noble sicilien.

Le théâtre de *la Scala* eut pour entrepreneur, de 1778 à 1788, M. le comte de Castelbarco, les marquis Fagnani et Calderara, et le prince di Rocca-Sinibalda. Actuellement, l'usage a prévalu de mettre l'entreprise sous le nom d'un commis. (*Testa di Ferro*.)

Cinti, Buffardin, et....., et un chanteur français, M. Levasseur, qui a une fort belle voix, mais trop de timidité pour le rôle du comte Almaviva. Autre condition : l'entrepreneur pourrait employer des voix françaises, mais il ne pourrait les payer plus de six mille francs par an (C).

Le 24 de chaque mois, la commission de censure se réunirait et ne donnerait un bon à payer à l'entrepreneur qu'autant qu'il justifierait avoir rempli ses engagements de bonne foi et avec zèle pendant le mois écoulé. L'état des recettes de chaque

---

C. Si l'on veut que le goût de la musique italienne se perfectionne en France, il faut ajouter deux professeurs et une classe de chant italien au Conservatoire, et y adjoindre un maître de langue et de déclamation italienne. Pellegrini ou Zuchelli seraient des hommes très précieux pour donner des leçons ; mais bientôt nous verrions un Français remplir la place de professeur de chant italien. Nul doute qu'avec des maîtres italiens, le Conservatoire de Paris ne fournit des sujets distingués ; on les enverrait passer deux ou trois ans dans les théâtres d'Italie pour se perfectionner, comme a fait notre madame Mainvielle-Fodor. Il faudrait mettre trois ou quatre pairs de France, amateurs riches, à la tête du Conservatoire.

Il faudrait recruter dans nos provinces méridionales, particulièrement vers les Pyrénées, des enfants de douze à quinze ans, ayant de belles voix. Il n'y a pas de raison pour que la nature ait placé de plus belles voix au delà des Alpes que dans le midi de la France *. La différence qu'il y a, c'est 1° que l'enfant italien de douze ans entend bien chanter à l'église et dans la rue ; 2° il entend mettre au-dessus de tout le talent du chant.

* On doit la mention la plus honorable à M. Choron, qui, par son zèle pour la musique, a fait d'immenses sacrifices. Un ministre de l'intérieur, jaloux de faire son métier, protègerait efficacement ce bon citoyen.

représentation serait mis sous les yeux de la commission de censure, qui aurait droit en outre à un rapport particulier sur la voix et le zèle de chaque chanteur. L'entrepreneur serait tenu de fournir à la commission de censure tous les renseignements demandés par elle.

La perfection de l'établissement serait que deux fois par mois il y eût une représentation italienne à la salle du grand Opéra. Les acteurs qui chanteraient dans ces représentations auraient sous le nom de *feux* une gratification particulière (D).

Le grand inconvénient de l'arrangement dont je viens de donner une esquisse légère, c'est que vingt ans après qu'il régirait le Théâtre-Italien, on en viendrait à laisser tomber l'Opéra-Français, et à donner à la salle de la rue Le Peletier deux actes d'opéra italien séparés par un ballet, comme à Naples.

Quand un ministre fait des règlements,

D. Sans doute il serait à désirer que l'on donnât deux représentations par mois au grand Opéra ; mais l'administration supérieure n'y consentira jamais. Au bout d'un an et non de vingt, l'Opéra-Français serait perdu de ridicule et abandonné *. Cependant on pourrait présenter ceci comme moyen de recette, et dans le cas où l'entreprise de Louvois aurait à se couvrir de dépenses extraordinaires.

* En 1823, les chanteurs de l'Opéra sont hors d'état de chanter un *quartetto* de la *Gazza ladra* ou de la *Camilla* ; aussi ce théâtre ne produit-il pas le *tiers* de ce qu'il coûte.

c'est ordinairement dans un accès d'amour-propre : on voudrait les faire bons et justes ; et si ce n'était l'extrême ignorance, on y parviendrait. Le mal des administrations despotiques est dans les détails. Toutes les décisions *particulières* relatives aux théâtres chantants sont signées par la légèreté, et obtenues par l'intrigue la plus adroite et la plus suivie. Si la maîtresse d'un administrateur chante faux, si elle est même sifflée quelquefois, il n'en faut pas davantage pour que cet administrateur cherche à faire tomber le théâtre rival où l'on chante mieux qu'il ne voudrait.

Dans le système de l'entreprise, l'administration, au lieu d'avoir intérêt à commettre des *abus*, a intérêt à *empêcher les abus*. La raison de ce beau changement, c'est que la douce récompense des abus serait tout entière pour l'entrepreneur ; l'office sévère de l'administration se réduit alors à y mettre obstacle. Il est clair qu'un comité de censure choisi parmi les personnes qui louent des loges fera intervenir l'opinion publique dans l'administration de l'Opéra-Buffa. Le choix d'un acteur, la mise en scène d'un opéra, auront-ils été approuvés par la commission ; je vois dans ses membres douze avocats chargés de justifier aux yeux du public les mesures adoptées. On dira qu'il y a de la république au fond de ma proposition. Je réponds qu'il y a longtemps que ce système est à peu près suivi dans un pays assurément bien assez despotique, mais où règne un goût passionné pour la musique : Vienne en Autriche (E, F).

E. Je crois qu'il faudrait terminer le chapitre en indiquant un moyen de salut pour le Théâtre-Italien, qui me paraît immanquable : c'est d'engager Rossini pendant deux ans, en lui faisant écrire trois opéras par an. Nul doute que Rossini ne vînt avec plaisir si l'engagement était avantageux. Il composerait pour le grand Opéra, pour Feydeau. Il ferait pour ce dernier théâtre un opéra par semaine ; sa fortune serait assurée. Nicolo s'est bien fait jusqu'à trente mille francs par an avec ses œuvres : jugez du succès de Rossini.

L'arrivée de Rossini et son établissement à Paris rehausserait à l'étranger le théâtre de Louvois ; les chanteurs feraient *à pugni* pour y être engagés, et la troupe serait bientôt complète. M. Caraffa, qui est à Paris, et dont la *Gabrielle de Vergy* a soutenu deux ans de suite la concurrence avec l'*Elisabeth* de Rossini, travaillerait pour Louvois ; et, si l'on commençait à vouloir de la musique nouvelle à Paris, les fondations du Théâtre-Italien seraient inébranlables. Les auteurs de librettis italiens auraient des droits pécuniaires égaux à la moitié de ceux de Feydeau. A ce prix, vous auriez les écrivains les plus distingués d'Italie *.

La mise en scène des ouvrages de Rossini actuellement représentés gagnerait infiniment. L'œil du maître verrait une infinité de taches, telles qu'altérations des temps par l'orchestre, tapage hors de propos dudit orchestre, etc., etc L'engouement des badauds serait prodigieux, et les recettes s'en ressentiraient. Veut-on payer Rossini sans bourse délier et très-généreusement ? que les premières représentations de ses opéras soient données rue Le Peletier et

* Je connais de M. Pellico, maintenant en prison au Spielberg, et le premier poète tragique d'Italie, quatre ou cinq opéras *série* et *buffe* qui me semblent des chefs-d'œuvre ; il y a des foules de situations fortes esquissées avec hardiesse.

à son bénéfice. A trois opéras par an, il aura environ quarante-cinq mille francs. Ajoutez à ceci les concerts, les pièces qu'il ferait pour Feydeau, la vente de sa musique, qui est au pillage en Italie, et qui est ici une propriété très-lucrative. Il gagnerait près de soixante mille francs par an.

F. *Sujets que l'on pourrait engager.*

D'abord et avant tout autre, madame Mainvielle; elle chante fort bien, et d'ailleurs elle est Française. Beaucoup de gens disent du mal de Louvois par patriotisme.

Davide, tenore.
Donzelli, *idem*.
Lablache, buffo cantante.
Debegnis, buffo comico.
Ambrosi, basso.
Curioni, tenore, fort joli homme, ce qui ne gâte rien.
L. Mari, tenore, chanta fort bien dans *l'Aureliano in Palmira*, à Milan en 1814.

MESDAMES

Pisaroni, contralto.
Schiassetti, prima donna à Munich.
Dardanelli, prima donna buffa.
Schiva.
Fabbrica.
Ronzi Debegnis, prima donna buffa.
Mariani, contralto excellent.
Mombelli, prima donna.

Et plusieurs autres qui ont débuté depuis deux ans, mais dont les succès n'ont pas encore passé les Alpes. M. Benelli, l'un des entrepreneurs du théâtre de Londres, est actuellement en Italie (octobre 1823), occupé à recruter. Il nous manque un agent de l'adresse de M. Benelli, et un surveillant comme M. le chevalier Petrachi. Le noble Vénitien possesseur du théâtre de *San-Luca* pourrait nous donner de bons avis; l'on s'est bien trouvé à Londres des conseils de M. le marquis de Santantonio.

CHAPITRE XLIV

DU MATERIEL DES THEATRES EN ITALIE

Il y a en Italie deux grands théâtres : *la Scala* à Milan et *San-Carlo* à Naples. Ils sont à peu près de même taille, la Scala n'a que quelques pieds de moins que San-Carlo ; l'un et l'autre sont en fer-à-cheval. Comme la première condition pour avoir du plaisir en entendant de la musique, est de ne pas songer au rôle que l'on joue et à la figure que l'on fait, comme la seconde condition est d'être parfaitement à son aise, c'est un trait de génie que d'avoir divisé les théâtres d'Italie en loges séparées et absolument indépendantes. Les voyageurs hypocrites, tels qu'Eustace et consorts, n'ont pas manqué de dire qu'il y avait des motifs particuliers pour cet usage général d'être caché au spectacle. Ces âmes sèches n'étaient pas faites pour comprendre qu'il faut du recueillement pour sentir le charme de la musique. Une femme en Italie est toujours dans sa loge avec cinq ou six personnes ; c'est un salon dans lequel elle reçoit, et où ses amis se présentent dès qu'ils la voient arriver avec son amant.

Le théâtre de la Scala peut contenir trois mille cinq cents spectateurs placés fort à leur aise ; il a, autant que je puis m'en souvenir, deux cent vingt loges [1], où l'on

---

[1]. Si vous voulez bâtir une salle de spectacle à Paris, ce à quoi il faudra bien en venir d'ici à trente ans, vous trouverez les proportions exactes de *la Scala* dans un ouvrage publié en 1819 par M. Landriani, à Milan. La façade est bien au-dessous de celle de *San-Carlo*; les corridors sont étroits et sans air, et le parterre trop horizontal ; au demeurant, c'est le premier théâtre du monde. Une salle de spectacle parfaite serait isolée comme le théâtre Favart, et environnée des quatre côtés par des portiques comme ceux de la rue Castiglione. Tel était, ce me semble le théâtre de Moscou, que nous ne vîmes que pendant vingt-quatre heures. Par cette disposition simple, cent voitures peuvent charger à la fois.

Je vois une place superbe pour une salle digne de la capitale de l'Europe et du monde, vis-à-vis du boulevard de la Madeleine, entre la rue du Faubourg-Saint-Honoré et la rue de Surène.

S'il s'agit de faire une petite salle excellente pour la musique, copiez la salle *Carcano* à Milan, en y joignant la façade du théâtre de Como *.

Si vous voulez une salle plus grande, copiez le charmant théâtre de Brescia ; rien n'est plus joli. (Le *joli* d'Italie est le *magnifique* en France ; le *beau* d'Italie semble lugubre aux Français.) Si vous voulez une salle infiniment petite prenez le théâtre de Volterra ou celui de Como. Le plagiat est permis en architecture, à moins toutefois que nos architectes ne nous le défendent au nom de l'honneur national. M. Bianchi de Lugano, architecte, a de beaux plans de salles de spectacle ; M. Bianchi a relevé le théâtre de *San-Carlo* en 1817.

* M. Canonica, architecte renommé, qui a construit plusieurs théâtres en Lombardie, disait un jour en ma présence que les lois de l'acoustique sont encore peu connues. Le théâtre *Carcano* à Milan s'est trouvé excellent pour la musique, on l'y entend beaucoup mieux qu'au théâtre *Ré* ; tous les deux cependant ont été construits avec les mêmes soins et par le même architecte, M. Canonica. La salle de la rue Le Peletier est fort sonore ; elle est construite en bois.

peut être trois sur le devant ; mais, excepté les jours de première représentation, l'on n'y voit jamais que deux personnes, le cavalier *servente* et la dame qu'il conduit ; le reste de la loge ou petit salon peut contenir neuf à dix personnes, qui se renouvellent toute la soirée. On fait silence aux premières représentations ; et aux suivantes, seulement quand on arrive aux beaux morceaux. Les gens qui veulent entendre tout l'opéra vont chercher place au parterre, qui est immense, garni d'excellentes banquettes à dossier et où l'on est fort à son aise, et tellement à son aise, que les voyageurs anglais y comptent avec indignation vingt ou trente dormeurs penchés sur deux banquettes. L'usage est de s'abonner. Il en coûte environ 50 centimes par soirée pour entrer dans la salle et se placer au parterre. Les loges sont des propriétés particulières et se louent à part. Aujourd'hui une loge commode à la Scala coûte 60 louis par an ; elles coûtaient 200 louis dans les temps prospères du royaume d'Italie. La propriété d'une loge se vend de 18 à 25,000 francs, suivant le rang où elle se trouve. Celles du second rang sont les plus commodes et les plus chères.

Le théâtre de Saint-Charles à Naples, a été renouvelé avec magnificence en 1817 par M. Barbaja. Les loges ont quatre places sur le devant et pas de rideaux ; elles passent pour moins commodes que celles de la Scala ; l'absence des rideaux oblige les femmes à beaucoup de toilette. Sous le rapport de la société, San-Carlo, n'ouvrant que trois fois par semaine, ne peut pas servir de rendez-vous général de tous les soirs pour tous les gens d'affaires, comme la Scala[1] ; mais en revanche, on y écoute mieux la musique.

Ces deux théâtres passent pour être éminemment *di cartello* (mot à mot, *d'affiche*), c'est-à-dire qu'y avoir paru donne rang à un chanteur.

Le public de Rome a une grande opinion de ses lumières et beaucoup de fatuité, ce qui n'empêche pas les théâtres d'être petits, vilains, incommodes et la plupart bâtis en bois : un seul est passable ; c'est qu'il a été construit du temps des Français[2].

---

1. Un établissement de ce genre manque aux agréments de la civilisation de Paris. Il faudrait un foyer trois fois plus grand que celui de la salle de la rue Le Peletier, et louer tout l'étage correspondant de la maison voisine pour y établir un cabinet littéraire, un café, des billards. L'essentiel serait qu'on établit des abonnements. Dans l'intérêt de la société et non des *privilégiés*, je propose un privilège. Cet abonnement devrait être fort cher, et se réduirait au quart pour les gens payant mille francs d'impôt, pour les membres de l'Institut, pour les avocats de Paris, etc., etc., et autres notabilités sociales. La chose essentielle dans un salon public est d'éloigner les jeunes gens sans fortune, qui finissent par y établir un ton grossier.

2. Rome doit la plupart de ses embellissements, sous Napoléon, à M. Martial Daru, intendant de la couronne,

Depuis la restauration du pape, les chanteurs à Rome sont presque toujours très faibles. Le cardinal Consalvi, homme d'esprit, et l'un des premiers dilettanti d'Italie [1], a eu besoin d'une adresse infinie pour faire consentir le feu pape à l'ouverture des théâtres. Pie VII disait avec larmes : C'est le seul objet sur lequel le cardinal soit dans l'erreur. Les théâtres d'*Argentina*, d'*Alberti* et de *Tordinona* ne sont plus considérés comme de *cartello* que pendant la saison du carnaval ; mais ces noms d'*Alberti* et d'*Argentina* sont célèbres parce que, dans le siècle de la gaieté (1760), quand les princes n'ayant pas peur de perdre leurs places ne songeaient qu'aux plaisirs, c'est pour ces théâtres qu'ont été faits les chefs-d'œuvre des Pergolèse, des Cimarosa [2] et des Paisiello.

---

amateur fort éclairé et ami intime de Canova ; et entre autres les travaux de la colonne Trajane.

1. Il venait au théâtre, en 1806, indiquer aux chanteurs le vrai *mouvement* de certains morceaux de Cimarosa. C'est un homme d'esprit, mais qui, de 1818 à 1823, a eu peur du parti *ultrà*, et a voulu, avant tout, rester ministre.

2. M. le cardinal Consalvi a fait faire le buste de Cimarosa par Canova ; ce buste était placé, en 1816, au Panthéon, à côté du buste et du tombeau de Raphaël. Mais le cardinal Consalvi, cédant de plus en plus au parti *ultrà*, et, malheureusement pour sa réputation, cédant en des choses de plus d'importance, a consenti que le buste de son ami fut exilé au Capitole, parmi des centaines de bustes antiques. Il était monument au Panthéon, et touchait les cœurs nés pour les arts ; au Capitole, il n'est plus qu'objet de curiosité.

Avant Rome, les chanteurs placent pour la réputation et pour le *cartello* le théâtre *della Fenice* (du Phénix) à Venise. Ce théâtre, qui est à peu près de la grandeur de l'Odéon, a une façade tout à fait originale et qui donne sur un grand canal ; on y arrive et l'on en sort en gondole, et toutes les gondoles étant de la même couleur, c'est un lieu fatal pour les jaloux. Ce théâtre a été magnifique du temps du gouvernement Saint-Marc, comme disent les Vénitiens. Napoléon lui donna encore quelques beaux jours ; maintenant il tombe et se dégrade comme le reste de Venise. Cette ville sigulière et la plus gaie de l'Europe, ne sera plus qu'un village malsain dans trente ans d'ici, à moins que l'Italie ne se réveille et ne se donne un seul roi, auquel cas je donne ma voix à Venise, ville imprenable, pour être capitale.

Les Vénitiens, les plus insouciants et les plus gais des hommes, et, à ce qu'il me semble, les plus philosophes, se vengent de leurs maîtres et de leurs malheurs par d'excellentes épigrammes. J'ai connu des moralistes qui s'indignent de leur gaieté ; je répondrais à ces gens moroses comme le valet bouffon de la *Camilla: Signor, la vita è corta !* Depuis que l'Italie a tout perdu par la chute de l'homme qui en aurait fait un *seul État despotique*, les Vénitiens soutiennent la gloire de leur théâtre *della Fenice* à force d'esprit et de gaieté. C'est là, ce me semble, qu'est née en 1819 la réputation de madame Fodor, qui chantait dans l'*Elisabetta* de M. Caraffa. Les Vénitiens lui firent une médaille. En 1821, ils ont ressuscité la réputation de *Crivelli* dans l'*Arminio* de Pavesi [1]. Il me semble que dans tous ces enthousiasmes, il y a d'abord le désir de prouver que l'on vit encore. A Paris, c'est la politique qui fait la nouvelle du jour ; à Venise, c'est la dernière satire de M. Buratti, le seul grand poëte satirique que l'Italie ait eu depuis bien des années. Je vous conseille de lire l'*Omo*, la *Streffeide*, l'*Elefanteide* ; le triomphe du poëte est la peinture du physique grotesque de ses héros. Dans un pays où l'on ne voit que deux ou trois mauvais journaux censurés, où les lire avec trop d'attention passe pour signe de carbonarisme [2], et où l'on se meurt de langueur, cela fait nouveauté. Vous sentez qu'une bien plus grande nouveauté encore c'est l'arrivée de la première chanteuse qui doit paraître *alla Fenice*, et du maestro qui vient pour

---

[1]. Beau libretto rempli de situations fortes ; musique qui est bien loin d'être sans génie.
[2]. La prison des carbonari est tout près dans une île voisine de Venise.

écrire l'opéra. Voilà pourquoi le suffrage de Venise vaut mieux en musique que celui de Paris. A Paris, nous avons tous les plaisirs ; il n'y en a qu'un en Italie, l'amour d'abord et les Beaux-Arts qui sont une autre manière de parler d'amour. Après la *Fenice* de Venise, vient le théâtre de la cour à Turin. Il tient au palais du roi et donne sur la superbe place *Castello*, l'une des plus singulières de l'Europe. On arrive au théâtre par des portiques ; mais comme il est dans le palais du roi, il est contre le respect d'y paraître l'hiver en manteau, il est contre le respect d'y rire, il est contre le respect d'y applaudir avant que la reine ait applaudi. La présence de madame Pasta obligea, en 1821, le chambellan de service à faire afficher trois ou quatre fois ce beau règlement. Ce théâtre assez grand, mais où les soldats vous vexent continuellement par leurs avertissements pour le *manque de respect*, passe pour le quatrième d'Italie et est toujours de *cartello*. On y joue le carnaval et quelquefois pendant le carême [1].

Florence, Bologne, Gênes, Sienne, ont aussi d'assez vilains petits théâtres, qui sont de *cartello* dans certaines saisons. Tantôt c'est la saison du carnaval qui est

1. Quand la piété le permet. Réponse connue d'un grand personnage : *Non voglio abbrucciar le mie chiappe per voi.*

la bonne, tantôt c'est celle de l'automne. Le magnifique théâtre de Bergame est de *cartello* durant la foire. Il en est de même du théâtre de Reggio pendant la foire du pays, et du beau théâtre neuf de Livourne pendant l'été. Tout cela était très vrai il y a dix ans, mais change peu à peu. La plupart de ces théâtres étaient protégés et soutenus par les souverains, quand ceux-ci avaient le loisir de s'amuser. Aujourd'hui qu'à la tête des prêtres et de quelques nobles ils entreprennent de faire marcher la majorité de leurs sujets dans un sens qui n'est pas à la mode, au lieu d'être aimés ils ont peur [1], et il n'y a plus d'argent pour la musique ; au lieu de beaux opéras, l'on donne des pendaisons. A Milan, à Turin, une grande partie de la noblesse, prévoyant de mauvais jours, économise beaucoup. En 1796, à Crémone, petite ville de Lombardie connue par un vers de Regnard,

Savez-vous bien, monsieur, que j'étais dans Crémone !

la famille qui se croyait la plus noble envoyait deux cents louis à la *prima donna* le soir de son bénéfice.

[1]. Cassel, à la fin de 1823, comparé à Darmstadt, où l'opéra nouveau est le grand intérêt.

Les princes donnent bien encore quelque argent aux théâtres, parce que c'est l'usage, et qu'il faut faire tout ce qu'on faisait autrefois ; mais ils le donnent en rechignant et de mauvaise grâce. L'empereur d'Autriche accorde deux cent mille francs à *la Scala ;* le roi de Naples, trois cent cinquante mille francs environ à *San-Carlo ;* le roi de Sardaigne fait administrer économiquement son théâtre par l'un de ses chambellans. Le seul souverain, je crois, qui donne volontiers de l'argent à son théâtre italien, c'est S. M. le roi de Bavière. Si le respect le permettait, je dirais que c'est un homme gai et heureux. Aussi, quoiqu'il puisse faire bien peu de dépenses, a-t-il toujours d'excellents chanteurs ; c'est qu'il est poli et aimable avec eux. On trouvait l'année dernière à Munich la charmante Schiassetti, Zuchelli dont la voix de basse va à l'âme, et le délicieux Ronconi, unique et précieux reste du beau siècle de la musique vocale, et, je ne crains pas de le dire, homme de génie parmi les chanteurs.

Les *jeux* publics ont fait la splendeur des théâtres de *la Scala* et de *San-Carlo.* Dans des salles immenses attenant au théâtre, il y avait des tables de pharaon ou de trente et quarante. L'Italien étant naturellement joueur, les banquiers faisaient fort bien leurs affaires, et versaient de grandes sommes à la caisse du théâtre [1]. Les jeux étaient surtout nécessaires à *la Scala*, qui, dans un climat humide l'hiver, est devenu le rendez-vous général de la société. Un lieu bien échauffé et bien éclairé, où l'on est sûr de trouver tout le monde tous les soirs, est un établissement fort commode. Le gouvernement autrichien a supprimé les *jeux* à *la Scala* ; la révolution éphémère de Naples a fermé les jeux, et le roi Ferdinand ne les a pas rouverts. Ces deux théâtres vont tomber, et avec eux l'art musical. Ce fut à cause des jeux que Viganò put donner à Milan (1805-1821) ses ballets admirables ; c'était un art nouveau qui est mort avec ce grand homme [2].

Tous les théâtres d'Italie font leur ouverture solennelle le 26 décembre de chaque année. C'est le commencement de la sai-

1. A Paris, les jeux, entre autres choses, fournissent des pensions aux écrivains dévots qui écrivent sur la morale. Le drôle de siècle que le nôtre !
2. Salvatore Viganò a donné, en 1804, *Coriolan;* 1805, *Tamiri, la Vanarella;* 1812, *les Strelitz, Richard Cœur-de-Lion, Clotilde, il Noce di Benevento, l'Alunno della Giumenta;* 1813, *Prométhée, Samandria liberata;* 1815, *les Hussites, Numa Pompilius, Myrrha ou la Vengeance de Vénus, Psammi roi d'Egypte, les Trois Oranges;* 1818, *Dedale, Otello* et *la Vestale*. Il ne reste de ces chefs-d'œuvre que la musique arrangée par Viganò. Je conseille de prendre chez Ricordi, à Milan, la musique d'*Otello*, de *la Vestale* et de *Myrrha*.

son du carnaval, d'ordinaire la plus brillante. Depuis que la religion est rentrée dans tous ses droits, on ne chante plus durant l'Avent (temps saint avant Noël, qui commence vers le 1er décembre), de sorte que la privation du premier besoin de la vie se joignant à l'attente de la nouveauté, le 26 décembre, la nouvelle de la résurrection de Napoléon n'empêcherait pas, je crois, de s'occuper uniquement de musique. Les femmes vont ce jour-là au spectacle en grandissime toilette ; et si le spectacle réussit, le lendemain les loges qui n'ont pas encore été louées à l'année doublent de prix. C'est en vain que j'entreprendrais de donner une idée de la folie de cette première soirée.

En Italie, l'on joue de suite une trentaine de fois l'opéra qui a réussi ; c'est à peu près le nombre de fois que l'on peut entendre avec plaisir un bon opéra[1]. On joue tous les jours excepté le vendredi, jour de la mort du Sauveur, et excepté aussi, dans les pays soumis à l'Autriche, dix-sept anniversaires de jours de mort et de naissance des trois derniers empereurs ou impératrices. Il est de règle que le *maestro* qui a écrit l'opéra dirige l'exécution de sa musique au piano, durant les

---

1. Un opéra bien chanté est différent tous les jours, à cause des nuances et agréments du chant.

trois premières représentations ; jugez de la corvée lorsque l'opéra tombe ! Il faut qu'un opéra soit détestable pour qu'il ne se donne pas au moins trois fois ; c'est le droit du maestro. Je voudrais que cet usage s'établît en France ; il est raisonnable. J'ai vu plusieurs opéras ressusciter à la troisième représentation. La cabale, sachant que ses efforts sont inutiles, est beaucoup moins active à la première représentation.

Pour chaque saison, composée d'environ quatre-vingts à cent représentations, on donne communément trois opéras, dont deux nouveaux, et écrits *a posta* (exprès) pour le théâtre ; et quatre ballets, savoir : deux grands ballets tragiques, et deux ballets bouffes.

Chaque ville en Italie a un théâtre, et la plupart des théâtres des grandes villes telles que Turin, Gênes, Venise, Bologne, Milan, Naples, Rome, Florence, Livourne, etc., ont pour constitution qu'à de certaines époques déterminées on y donne des opéras nouveaux et composés exprès pour ces théâtres. C'est uniquement à cause de cet usage que la musique est encore un art *vivant* en Italie. Si le hasard ne l'avait pas établi, les pédants, à force de louer les grands maîtres anciens, auraient empêché les nouveaux de paraître. Sans cet usage, la musique serait en Italie aussi morte que la peinture. Le peintre à talent y est obligé de prier à genoux pour qu'on l'emploie, tandis que pour le musicien les rôles sont changés ; c'est le gros financier payant qui prie l'artiste célèbre de travailler pour le théâtre dont il a l'entreprise. Avoir de la musique nouvelle est devenu un objet de vanité municipale en Italie, et des villes comme Saint-Cloud se font faire de la musique nouvelle deux ou trois fois par an. Si Colbert avait fait établir par Louis XIV que tous les ans, le 26 décembre, le 20 février et le 25 août on donnerait une tragédie nouvelle aux *Français*, l'art de la tragédie vivrait encore en France. Forcés *d'être*, les poètes auraient été forcés de voir qu'ils ne peuvent *être avec succès* qu'en suivant les progrès des lumières dans la nation.

Si l'on veut en France, non pas former des compositeurs, ce n'est pas commencer par le commencement, comme disait Diderot[1], mais former d'abord un public, il faut établir que tous les ans, et à *époques fixes et immuables*, l'on donnera trois opéras nouveaux à Louvois, com-

---

1. Je voudrais bien que l'on imprimât huit volumes in-8°, formés par deux mille lettres dans lesquelles Diderot rend compte à sa maîtresse de tout ce qui se passait, de son temps, à Paris. C'est ce que Diderot a fait de mieux.

posés exprès pour ce théâtre. Le public aura le plaisir de juger. Rossini, dit-on, va passer à Paris en décembre 1823, pour aller écrire un opéra nouveau à Londres ; il serait beau de l'arrêter au passage [1].

Je donnerai un exemple des spectacles d'Italie. Je le prendrai dans un voyageur connu. Le 1er février 1818, le spectacle de *la Scala* commençait à sept heures, en été il commence à neuf heures moins un quart. Le 1er février 1818, il était composé du premier acte de la *Gazza ladra*, qui dura de sept heures à huit heures un quart ; du ballet de la *Vestale*, de Viganò, où jouaient Mlle Pallerini et Molinari, qui dura de huit heures et demie à dix heures ; du second acte de la *Gazza ladra*, de dix heures un quart à onze heures et un quart ; et enfin, de la *Calzolaja* (la cordonnière), petit ballet bouffe de Viganò, que le public avait sifflé le premier jour par dignité, mais qu'il revoyait cependant avec délices, parce qu'il y avait du nouveau. (Le *neuf*, dans le genre comique, est toujours sifflé le premier jour par un public qui se respecte.) Ce petit ballet

1. A l'exception de M. Dragonetti et de deux ou trois autres symphonistes, le théâtre de Londres n'a pas de grands talents ; la nation est plus insensible ; et cependant tout va beaucoup mieux pour la musique à Londres qu'à Paris : c'est qu'il n'y a pas de parti contraire ni d'*honneur*.

terminait le spectacle, qui finit entre minuit et une heure. Tous les huit jours on plaçait un pas nouveau dans le petit ballet.

Pour chaque scène de l'opéra, pour chaque scène du ballet, il y a à *la Scala* une décoration nouvelle, et le nombre des scènes est toujours fort considérable ; car l'auteur compte pour le succès sur le plaisir que les spectateurs auront à voir des décorations nouvelles et brillantes. Jamais une décoration (*scena*) ne sert pour deux pièces : si l'opéra ou le ballet tombe, la décoration, qui souvent est admirable et que l'on n'a vue qu'une seule fois, n'en est pas moins impitoyablement barbouillée le lendemain ; car l'on se sert longtemps des mêmes toiles. Ces décorations sont peintes à la colle. Elles sont faites dans un système absolument différent des décorations que l'on exécute à Paris en 1823. A Paris, tout papillote, tout est plein de petits détails spirituels et soigneusement travaillés. A Milan, au contraire, tout est sacrifié à la masse et à l'effet. C'est le génie de David appliqué aux décorations. Il arrive de là que même les aspects les plus gais prennent quelque chose d'imposant qui frappe et produit la sensation du beau. Qu'on se figure la magnificence des palais, des intérieurs d'églises, des scènes de montagnes, etc. Mais rien de semblable n'existant hors d'Italie, il est impossible de décrire ces décorations (*scène*) par des paroles. Tout au plus pourrais-je dire que les vues des cathédrales de Cantorbéry et de Chartres au Diorama, ou, à Londres, les panoramas sublimes de Berne et de Lausanne, par M. Baker, m'ont rappelé la perfection des décorations de *la Scala* par MM. Perego, Sanquirico et Tranquillo, avec cette différence toutefois que les panoramas et dioramas ne prétendent qu'au mérite de portraits fidèles, tandis que les décorations sont des portraits de lieux célèbres, ennoblis par les traits les plus hardis du *beau idéal*. Les voyageurs qui ont admiré ces chefs-d'œuvre de l'art, je pourrais dire qui en ont *senti le pouvoir*, car ces *scène* doublent l'efficacité de la musique et des ballets, ces voyageurs, dis-je, auront peine à croire qu'on ne les paie que quatre cents francs pièce aux grands peintres Perego, Sanquirico et Tranquillo[1]. Il est vrai que l'administration de *la Scala* fait faire cent

---

1. Les miniatures maniérées, sans effet et sans grandiose, que l'on nous donne à Louvois et à l'Opéra, coûtent cinq ou six fois davantage. Se rappeler la *vue de Rome* à la reprise des *Horaces*, le 14 août 1823. On voit bien que David est absent ; la peinture tombe, et revient au galop au genre *national* de Boucher. Voir l'exposition de l'industrie en 1823.

vingt ou cent quarante décorations nouvelles chaque année. Que dire de ces chefs-d'œuvre à qui les a vus ? et, ce qui est bien autrement difficile, comment en parler à qui ne les a pas vus, sans s'exposer au reproche d'exagération ? Ces décorations sont, comme les ballets de Vigano, l'éternel écueil de qui raconte des voyages en Italie. Il y a cette différence que, pour les décorations de *la Scala*, Perego étant mort, Sanquirick l'a dignement remplacé, et Tranquillo, élève de Sanquirick[1], égale son maître, tandis que Viganò a emporté son secret dans la tombe.

---

1. Sanquirick est la prononciation milanaise du mot italien *Sanquirico*.

CHAPITRE XLV

DE SAN-CARLO ET DE L'ETAT MORAL DE NAPLES, PATRIE DE LA MUSIQUE

Les personnes qui ont voyagé en Italie, et dont l'âme, s'élevant au-dessus de l'*utile* et du *commode*, peut goûter le *beau*, me demandent compte de ma préférence continue pour *la Scala*, que je cite avant *San-Carlo ;* rien de plus injuste en apparence ; Naples est le lieu natal des beaux chants. Milan est déjà gâté par le voisinage des idées prétendues raisonnables du Nord[1]. Les trente premiers

---

[1]. Rien de plus funeste qu'une fausse application des sciences : on marche alors dans l'erreur avec une raideur de persuasion bien ridicule. Voyez les mathématiques appliquées aux probabilités ; voyez les raisonnements d'un philosophe français sur le duetto, cités plus haut.

Des gens, fournis d'ailleurs d'une très-bonne dialectique, raisonnent fort conséquemment sur des faits qui leur sont invisibles. Le raisonnement en musique ne conduit jamais qu'au *récitatif obligé* ; le chant, l'*aria* est un *art nouveau* dont il faut *avoir le sentiment*. Or, ce sentiment est fort rare en France au nord de la Loire. Il est fort commun à Toulouse et dans les Pyrénées. Rappelez-vous les petits polissons qui chantaient sous nos fenêtres de Pierrefite*, et que vous fîtes monter, Toulouse, par ses chants, par

* *Route de Cauterets.*

compositeurs du monde sont nés dans le voisinage du Vésuve, tandis que pas un seul peut-être n'a paru en Lombardie. L'orchestre de San-Carlo est fort supérieur à celui de la Scala qui suit en musique exactement le même principe qui donne un si brillant coloris aux tableaux de l'école française actuelle. A force d'avoir peur du *ridicule*, cet orchestre finit par ne rien marquer ; c'est comme nos médecins qui laissent mourir leurs malades sans secou s, de peur de paraître des *San= grado*.

De peur de n'être pas *doux* et *harmonieux*, c'est-à-dire, dans le fond, par la crainte du *ridicule* qui, chez les peuples *ultra-civilisés*, s'attache facilement à toute énergie et à toute *originalité*, les coloristes français ont fini par peindre tout en gris, même la plus belle verdure. De même, à la Scala, l'orchestre se croirait perdu s'il sortait du *piano*. C'est absolument le défaut contraire à celui de l'orchestre de Louvois, qui met son orgueil à être toujours *fort* et à se moquer des chanteurs : l'orchestre de *la Scala* est leur très humble serviteur.

Jusqu'ici, tout est en faveur de Naples ;

---

ses idées religieuses, par je ne sais quelle couleur sombre, me rappelle toujours une ville de l'État du Pape. On justifie en 1823 la condamnation de Calas.

mais la monarchie absolue de la maison d'Autriche est une monarchie oligarchique, c'est-à-dire raisonnable, économique, calculante. Les grands seigneurs autrichiens aiment la musique et s'y connaissent. Les princes autrichiens ont de la bonté et de la science dans le caractère ; ils se gardent de rien faire sans consulter longuement un conseil de vieillards, à la vérité sans génie, mais fort prudents. Le despotisme de Naples à l'égard de San-Carlo et de M. Barbaja, a été au contraire le favoritisme le plus plaisant, accompagné de toutes ses absurdités. A Naples, sous M. Barbaja, il est arrivé que San-Carlo est resté quelquefois une semaine sans ouvrir. Au lieu d'un grand ballet et d'un opéra en deux actes, le Barbaja en est venu, pour ne pas fatiguer la voix chanceuse de Mlle Colbrand, à ne plus donner qu'un acte d'opéra et un ballet. Des étrangers sont arrivés à Naples, y ont fait un séjour de trois mois et n'ont jamais pu voir le second acte de la *Medea* ou de la *Cora*. Je m'en serais facilement consolé, mais ces étrangers étaient Allemands et tenaient à la musique de Mayer. D'ailleurs la *Médée* et la *Cora* étaient à la mode. Pendant deux mois l'on donnait toujours le premier acte de la *Medea ;* pendant deux autres mois, toujours le second ; suivant le degré de décadence de Mlle Colbrand.

Naples en est venu (chose horrible à dire !) à avoir des journées sans spectacle musical. Cela n'eût rien été en 1785, avant la déclaration de guerre du tiers-état contre l'aristocratie ; cinquante salons aimables vous eussent été ouverts ; mais voici le petit changement qui est arrivé : les haines sont tellement envenimées depuis les massacres de la reine Caroline et de l'amiral Nelson, que les premières conventions qu'on fait à Naples *entre amants*, c'est de ne pas parler politique ; lorsqu'un des deux s'avise d'ouvrir la bouche sur ce qui, entre hommes et lorsqu'il n'y a pas de figure suspecte, fait la seule conversation intéressante au monde, c'est un signe évident qu'il veut rompre. Ayant connu en Russie le jeune R...., j'étais reçu avec bonté dans la charmante famille du marquis N....., qui se compose de deux fils et d'une fille. Le fils aîné est carbonaro, l'autre dévoué au gouvernement actuel ; le père est de l'ancien parti du roi Murat et des innovations françaises ; la mère est du parti dévot, et la fille est passionnée pour les carbonari modérés qui veulent la constitution de France avec les Chambres ; je suppose qu'un homme qu'elle aime est exilé à Londres. Il arrive de là que dans cette famille très bien élevée, et très unie d'ailleurs, un silence de mort règne presque toujours à table, ou bien l'on en est réduit à parler de la pluie et du beau temps, de la dernière éruption du Vésuve ou de la neuvaine de saint Janvier. Remarquez que le théâtre même et Rossini sont devenus des affaires de parti, sur lesquelles il faut observer le silence pour ne pas se mettre en colère ; et la violence qu'on se fait à Naples est mille fois plus pénible que dans nos climats raisonnables. Bel opéra que le *Mosè!* dit le fils cadet, partisan du roi. — Oui, ajoute l'aîné, et joliment chanté ! hier soir la Colbrand ne chantait faux (non calava) que d'un demi-ton seulement. Là-dessus silence complet. Mal parler de la Colbrand, c'est mal parler du roi, et les deux frères sont convenus de ne pas se brouiller. « Tout a été supprimé « par la révolution, me disait le fils aîné, « carbonaro, jusqu'au plaisir de faire « l'amour. Ces maudits Français nous ont « apporté leur vanité et leurs mœurs ré- « glées ; toutes nos jeunes femmes font bon « ménage. Après cela étonnez-vous que « nous autres malheureux jeunes gens, « nous voulions, pour nous distraire, avoir « au moins une Chambre des communes et « des discussions orageuses, surtout ayant « d'aussi bons acteurs que Poerio, Dra-

« gonetti, etc.[1]. Il ne reste absolument à
« Naples que les ballets, les premiers du
« monde après Paris et la rive de Merge-
« lina. » Je rapporte avec conscience les
paroles de mon ami napolitain. Il n'y a
rien de commun entre les ballets de
Naples, dignes de M. Gardel, et les ballets
de Viganò, invention nouvelle et romantique, qui a été sifflée à San-Carlo. Les
décorations ou le plaisir des yeux sont
vingt fois mieux à Naples qu'à Paris ;
mais comme le malheur veut qu'on passe
à Milan pour arriver à Naples, les décorations de San-Carlo semblent communes et
souvent choquantes.

J'espère encore quelque chose pour la
musique, des Calabres, des provinces de
l'Est, de Tarente et en général de tout ce
qui est au delà de Naples. Ma raison est
assez difficile à dire, car elle choque à la
fois le sens commun et la décence[2]. Es-

1. Gens pleins d'éloquence, et au moins égaux en talent
à tout ce qu'on possède en France ou en Angleterre depuis
la mort de Sheridan ou de Grattan.
2. J'espère, en arrivant à cette partie de ma brochure,
que les cinq sixièmes des gens pour qui elle n'est pas écrite
auront fermé le livre. Je me permets ici plusieurs idées
que j'aurais effacées dans les premières pages. Pouvons-
nous espérer de la perfectibilité de l'esprit humain que
l'on inventera pour le public l'art de choisir les écrivains
qui lui conviennent, et pour les auteurs l'art de choisir leur
public ? Avez-vous lu avec délices les romans de Walter
Scott et les brochures de M. Courier ? j'écris pour vous.
Avez-vous lu avec délices l'Histoire de Cromwel, les Mélanges
de M. Villemain et les Histoires de MM. Lacretelle ou

sayons toutefois. Les arts chez un peuple sont le résultat de son état physique et de sa civilisation tout entière, c'est-à-dire de *plusieurs centaines* d'habitudes. Or, depuis un siècle, la musique vivait et s'élevait jusqu'au ciel dans la belle Parthénope, lorsque les Français sont venus tracasser la ville de Naples, y apporter des mœurs, des livres, des idées libérales, et surtout opprimer les amours ; mais les mœurs, des contrées fort étendues situées au delà de Naples, n'ont point changé. Toujours, dans les familles, le frère aîné se fait prêtre, marie l'un des cadets pour continuer la maison, et vit fort bien avec sa belle-sœur. Les uniques plaisirs de la famille, qui vit fort unie, sont de faire de la musique. Mais savez-vous quelle est leur crainte au milieu de cette douce petite vie ? c'est que quelque méchant voisin ne les regarde de mauvais œil.

La *jettatura* (prononcez *i-é-tatoura*) est le croquemitaine du royaume de Naples. Si vous avez une *jettatura*, tout dépérit chez vous. Pour prévenir la *jettatura*, chacun des membres de la famille porte une douzaine de reliques et d'*agnus Dei*, et tous les hommes ont une *corne* de corail à leur chaîne de montre ; plusieurs portent

Raoul Rochette ? fermez ce livre-ci, il est chimérique, inconvenant et plat.

pendue au cou, comme le portrait d'une maîtresse, une corne de huit à dix pouces de longueur, que l'on cache plus ou moins bien dans les plis du gilet. Lorsque je revins de Palerme à Naples, comme les grandes cornes sont à fort bon marché à Palerme, l'on me chargea de douze ou quinze cornes de bœuf, de trois pieds de long, que j'apportai à Naples, où on les fit curieusement monter en or, et où je les vis bientôt après figurer dans les chambres à coucher et dans les salons. En revenant de Palerme à Naples, notre *speronara* eut un fort gros temps. Pour ne pas penser au mal de mer, je chantais ; les patrons se mirent à jurer, à dire que je tentais Dieu, et à murmurer entre eux que je pourrais bien être une *jetattura*[1]. Je leur fis observer le grand nombre de cornes que j'avais avec moi, et ils se calmèrent ; pour cimenter la réconciliation, je me rapprochai d'une petite sainte Rosalie, devant laquelle brûlait un cierge, et je priai sainte Rosalie d'envoyer l'enseignement mutuel en Sicile ; elle me répondit qu'elle y songerait dans trois siècles.

C'est dans les Calabres et au milieu de toute cette manière d'être qu'ont paru les Paisiello, les Pergolèse, les Cimarosa et cent autres. Certainement, des matelots amé-

---

[1]. Stendhal veut dire un *jettatore*. N. D. L. E.

ricains ne m'auraient pas pris pour une *jettatura ;* mais qu'a produit en fait d'arts la raisonnable Amérique ? Un écrivain moderne, l'aimable Vauvenargues, ce me semble, a dit : « Le sublime est le son d'une « grande âme. » On peut dire avec plus de vérité : Les arts sont le produit de toute la civilisation d'un peuple et de toutes ses habitudes, même les plus baroques ou les plus ridicules. Ainsi, la doctrine du purgatoire préoccupant toutes les têtes en Italie, vers l'an 1300, tout le monde voulut bâtir une chapelle, tout le monde voulut y placer le tableau de son saint patron, pour en être protégé en cas d'entrée au purgatoire ; et c'est incontestablement à une idée aussi baroque que nous devons Raphaël et le Corrége.

De même, la tyrannie et l'espionnage de Come le Grand à Florence, des Farnèse à Parme, etc., empêchant le plaisir de la conversation en Italie, la solitude a été créée ; et la solitude ne peut exister longtemps sous ce beau climat sans amour. L'amour y est sombre, jaloux, passionné ; en un mot le véritable amour[1]. Cet amour-

---

[1]. Il ne peut être question de vanité et du plaisir d'être distingué en public par une femme à la mode, dans un pays où la première nécessité est de se faire oublier d'une douzaine de ministres fort méchants, et qui n'ont rien à faire. Quand tout cela serait faux aujourd'hui, cela était vrai il y a cinquante ans, lorsqu'on faisait mourir en prison

là trouvant la musique à l'église vers l'an 1500 (les prêtres s'emparent de tous les sens en ce pays-là, pour effrayer l'âme des pécheurs et les porter à faire des largesses à l'église)[1], y vit le moyen, et le moyen unique, le seul qui existe au monde, d'exprimer toutes les nuances fugitives de son bonheur ou de son désespoir.

L'antique *miserere* du Vatican, composé par Allegri vers l'an 1400, a également produit, je n'en fais aucun doute, le duetto si mondain :

Io ti lascio perchè uniti,

du premier acte du *Matrimonio segreto*, et l'air sublime de *Romeo :*

Ombra adorata, aspetta.

Voici une anecdote vraie, et que l'on peut lire contée fort au long dans de vieux manuscrits poudreux, conservés à Bologne, et qu'il n'est pas facile d'approcher[2]. En 1273, Bonifazio Jeremei, qui tenait à une

---

l'historien Giannone ; or les lois ne passent dans les mœurs qu'au bout d'un siècle.

1. Saint Philippe Neri invente l'oratorio en 15... Voir la scène du moine dans la *Mandragora*, excellente comédie de Machiavel. Le moine se plaint de ce qu'on ne fait plus de processions le soir.

2. Lettre de M. Courier sur la tache d'encre, le savant Furia et le chambellan Pulcini, 1812.

famille *guelfe* jusqu'à la fureur, se prit de passion pour Isnelda, fille du célèbre Orlando Lambertazzi, l'un des chefs du parti gibelin ; les plaisanteries que faisaient les jeunes gens du parti guelfe sur la beauté célèbre d'Isnelda, avaient sans doute contribué à la faire aimer de Jeremei. Ils se virent dans un couvent, malgré la haine de parti qui divisait leurs familles ; obligés de ne pas même se regarder, lorsque dans les fêtes de la religion, ils se rencontraient à l'église, leur passion n'en devint que plus vive. Enfin, Isnelda consentit à recevoir son amant dans sa chambre. Un des espions placés tous les soirs par ses frères autour de leur palais, vint les avertir qu'un homme jeune, et apparemment bien armé, venait d'y entrer. Les Lambertazzi pénètrent de force dans la chambre de leur sœur ; et, tandis qu'elle se sauve, l'un d'eux frappe Bonifazio dans la poitrine, avec un de ces poignards empoisonnés dont les Sarrasins avaient introduit l'usage en Italie. Précisément à la même époque, le *Vieux de la Montagne*, si redouté des princes d'Occident, armait avec ces sortes de poignards les jeunes fanatiques, depuis si célèbres sous le nom d'*assassins*. Bonifazio tombe sur le coup ; les Lambertazzi le transportent dans une cour déserte de leur palais, et le cachent sous des décombres. Ils se retiraient à peine, qu'Isnelda, suivant les traces de sang à travers les divers degrés et les passages secrets du palais de son père, arrive enfin à la cour déserte et remplie de hautes herbes où l'on avait caché le corps de son amant ; un reste de vie semblait l'animer encore. Une tradition populaire assurait que s'il se trouvait quelqu'un d'assez dévoué pour faire le sacrifice de sa propre vie, on pouvait, en suçant une plaie faite par les poignards empoisonnés de l'Orient, sauver le blessé. Isnelda connaissait les poignards de ses frères, elle se jette sur la poitrine de son amant, elle y puise un sang empoisonné ; mais elle y trouve la mort sans parvenir à le rappeler à la vie. Au bout de quelques heures, lorsque ses femmes inquiètes de son absence arrivèrent auprès d'elle, elles la trouvèrent étendue sans vie auprès du cadavre de celui qu'elle avait aimé.

Voilà l'amour qui est digne d'inspirer les beaux-arts.

Naples, comparée à Milan et indépendamment du climat, n'a pour soi que l'admirable Casaciello[1], et sa manière de jouer un ancien opéra de Paisiello, le seul

---

1. Les Casaciello sont comme les Vestris ; celui qui règne aux *Florentins*, le Feydeau de Naples, est le troisième du nom.

avec la *Nina*, je crois, qui vive encore aujourd'hui. Si vous n'avez jamais ri de votre vie, dirais-je à ce gros *squire* anglais qui se perd en raisonnements sur l'utilité des Sociétés bibliques ou sur l'immoralité des Français, allez à Naples voir Casacia dans la *Scuffiara o sia la Modista raggiratrice.*

Plusieurs causes contribuent à augmenter la disposition naturelle de l'Italien pour la musique. Comment lire, dans un pays où la police intercepte les trois quarts des livres, et note ensuite sur un livre rouge, les imprudents qui lisent l'autre quart ? On ne lit donc pas en Italie ; toute véritable discussion est prohibée ; et un livre, à force de déshabitude, est devenu pour les jeunes gens une corvée dont la seule apparition fait frémir. Or, un livre, le plus mauvais pamphlet, distrait l'homme de ses pensées, et essuie, pour ainsi dire, goutte à goutte la sensibilité à mesure qu'elle est produite par les événements de la vie, et avant qu'elle forme le torrent des passions. La sensibilité détruite par les distractions n'a le temps de s'exagérer le prix de rien.

Par l'absence forcée de toute lecture, dans un pays écrasé sous la double tyrannie des prêtres et des gouvernements, et pavé d'espions, le pauvre jeune homme n'a pour distraction que sa voix et son mauvais clavecin ; il est forcé de penser beaucoup aux impressions de son âme ; c'est la seule nouveauté qui soit à sa disposition.

Ce jeune Italien, à force de regarder ses sentiments dans tous les sens, observe et surtout sent des nuances qui lui auraient échappé si, comme l'Anglais, il eût trouvé sur sa table pour se distraire une page de *Quentin Durward*, ou un article du *Morning-Chronicle;* car il s'en faut bien qu'il soit toujours agréable au premier abord de songer aux sentiments qui nous agitent. On centuple ses peines en les analysant et l'on diminue son bonheur. Mais à Naples, je ne vois exactement qu'une distraction non prohibée aux passions que le climat met dans les cœurs ; c'est la musique, et encore cette distraction n'est-elle qu'une autre expression de ces mêmes passions, et tend-elle à augmenter leur poignante énergie.

CHAPITRE XLVI

DES GENS DU NORD, PAR RAPPORT A LA MUSIQUE

La prudence tue la musique ; plus il y aura de passion chez un peuple, moins il y aura de réflexion et de raison habituelles, plus on y aimera la musique.

Le Français est léger et vif, mais il est fort occupé ; toutes les carrières sont ouvertes à son ambition ; d'ailleurs l'homme le plus riche joue à la rente. Le Français a la gloire des armes comme celle des lettres ; le nom de Marengo est aussi célèbre en Europe que celui de Voltaire ; dans le monde, c'est-à-dire dès qu'on est trois personnes, il songe à sa vanité, soit pour lui préparer des triomphes, soit pour lui éviter des malheurs. Il passe son temps le plus sérieusement du monde à songer au succès probable d'un calembour, et la réflexion et la prudence ne l'abandonnent jamais. Même dans sa gaieté la plus folle, jamais il ne se livre entièrement et tête baissée aux entraînements du moment et au risque de tout ce qui en peut arriver. Il est fort aimable dans la société, mais la *société* est devenue pour lui la première des affaires [1]. C'est le peuple le plus spirituel, le plus agréable et jusqu'ici le moins musical de l'univers.

L'Italien, plein de passions, l'Allemand toujours entraîné par son imagination vagabonde et qui se *passionne à force d'imaginer*, sont au contraire des peuples fabriqués exprès pour les illusions que fait naître un duetto de Rossini ou un air charmant de Paisiello. Il y a cette différence dans leur musique, que le froid ayant donné des organes plus grossiers à l'Allemand, sa musique sera plus bruyante. Le même froid qui glace les forêts de la Germanie et l'absence du vin l'ayant privé de voix, et son gouvernement paternellement féodal lui ayant fait contracter l'habitude d'une patience sans bornes, c'est aux instruments qu'il demande des émotions [2]. L'Italien croit en Dieu quand

1. Un sot à mes côtés est content du mauvais spectacle qu'on nous donne ce soir au Gymnase, me dit Guasco ; il n'a rien vu d'aussi amusant de toute la journée. Moi, j'ai vu des choses charmantes et souvent d'une angélique beauté, grâce à mon imagination folle. Il est vrai que j'ai eu l'air gauche dans un salon.
2. Le jeune Kreutzer de Vienne a fait une cantate sublime ; c'est une des espérances de la musique. Si la vanité ou l'avarice ne gâtent pas Delphine Shaurott, et si elle va en Italie, elle sera la Paganini du piano.

il a peur, et il songe toujours à tromper parce qu'il se trouve opprimé toute sa vie par les tyrannies les plus minutieuses et les plus implacables. L'Allemand, au contraire, ne trompe jamais et croit tout ; et plus il raisonne, plus il croit. M. de G**n, le premier jurisconsulte de l'Allemagne, a vu des revenants dans son château. L'Allemand a hérité des Germains de Tacite une bonne foi incroyable ; ainsi tout Allemand, avant d'épouser sa femme, lui fait la cour trois ou quatre ans de suite *d'une manière publique*. En France, il n'y aurait jamais de mariages ; il est rare qu'ils manquent en Allemagne. Une fille des hautes classes boude son amant et le gronde sérieusement si elle le surprend à ne pas croire aux *Balles magiques* du *Freyschütz*[1], M. le comte de W***, jeune diplomate fort distingué et très bel homme, racontait devant moi que lui et ses frères, à l'âge de dix-sept ans, ne manquaient pas tous les ans, de jeûner la nuit du 9 novembre, et d'aller le lendemain dans une certaine vallée du Hartz pour y fondre des balles magiques, la tête couronnée de lierre, et avec les cérémonies voulues par la tradition. Ils étaient ensuite tout éton-

1. Madame la comtesse de ****, près Halberstadt. Le *Freyschütz* est une tradition populaire dont J. Paul a fait un roman touchant, et Maria Weber un opéra bruyant,

nés quand, tirant à six cents pas de distance, sur un sanglier dans la forêt de Nordheim, ils manquaient leur coup. Et cependant, ajoutait en riant l'aimable comte de W***, je ne suis pas plus sot qu'un autre.

L'Anglais est attristé par sa bible ; ses évêques et ses lords lui défendent, depuis Locke, de s'occuper de logique. Dès qu'on lui parle de quelque découverte intéressante, de quelque théorie sublime, il vous répond : A quoi cela me servira-t-il *aujourd'hui ?* Il lui faut une utilité *pratique* et *dans la journée.* Comprimés par la nécessité de travailler incessamment pour ne pas *mourir de faim et manquer d'habits*, les gens de la classe où l'on a de l'esprit n'ont pas une minute à donner aux arts ; voilà de grands désavantages. Les jeunes gens d'Italie et d'Allemagne, au contraire, passent toute leur jeunesse à faire l'amour, et même ceux qui travaillent le plus sont peu gênés, si l'on compare leurs légères occupations qui ne s'étendent jamais au delà de l'avant-dîner, au dur et barbare labeur qui, grâce à l'aristocratie et à M. Pitt, pèse sur les pauvres Anglais pendant douze heures de la journée[1]. Mais l'Anglais est

[1]. On m'a montré à Liverpool des enfants de quatorze ans qui travaillaient de seize à dix-huit heures par jour

souverainement timide ; c'est de cette triste qualité, fille de l'aristocratie et du puritanisme, que je vois naître en grande partie son amour pour la musique. La crainte de s'exposer au ridicule (*to expose oneself*) fait qu'un jeune Anglais ne parle jamais de ses émotions. Cette discrétion, commandée par un amour-propre bien entendu, tourne au profit de la musique ; il la prend pour confidente et souvent pour expression de ses sentiments les plus intimes.

Il suffit de voir le *Beggars opéra* ou d'entendre chanter miss Stephens ou le célèbre Thomas Moore, pour reconnaître que l'Anglais a en soi une veine très considérable de sensibilité et d'amour pour la musique. Cette disposition est, ce me semble, plus marquée en Écosse ; c'est que l'Écossais a bien plus d'imagination ; c'est qu'il y a dans ce pays la longue inaction des soirées d'hiver.

Nous voici de retour au loisir forcé de

Je me promenais par hasard ce jour-là avec des dandies de dix-huit ans qui ont cent mille francs de rente et pas une idée, pas même celle de jeter un schelling à ces pauvres petits malheureux. L'Italien est tyrannisé, mais il a tout son temps à lui ; le lazzarone de Naples suit librement ses passions comme un sanglier au fond des forêts ; je le tiens pour moins malheureux et surtout pour moins abruti que l'ouvrier de Birmingham. Et l'abrutissement moral est un mal contagieux ; la grossièreté de l'ouvrier est bien loin d'être sans influence sur le lord.

la pauvre Italie ; toujours pour la musique il faut *loisir forcé, occupé par l'imagination.* En arrivant en Écosse pour la première fois, je débarquai à Inverness ; le hasard mit à l'instant sous mes yeux les cérémonies funèbres du peuple des Highlands, et les gémissements des vieilles femmes réunies alentour

« De ce peu de terre que le souffle céleste
 Vient de cesser d'animer [1]. »

Je me dis : ce peuple-ci doit être musicien. Le lendemain, en parcourant les villages, j'entendis la musique sourdre de toutes parts ; ce n'était pas, certes, de la musique italienne, c'était bien mieux en Écosse ; c'était une musique née dans le pays et originale. Je ne doute pas que si l'Écosse, au lieu d'être pauvre, se fût trouvée un pays riche ; que si le hasard eût fait d'Édimbourg, comme de Pétersbourg, la résidence d'un roi puissant et le lieu de réunion d'une noblesse *désœuvrée* et opulente, la source naturelle de musique qui se fait jour entre les rochers mousseux de la vieille Calédonie, n'eût été recueillie, purifiée, portée jusqu'à l'idéal, et que l'on n'eût dit un jour *la*

1. Traduction de leurs cris, que mon cicérone me fit impromptu.

musique écossaise comme l'on dit aujourd'hui *la musique allemande.* Le pays qui a produit les sombres et attachantes images d'Ossian, et des *Tales of my Landlord,* le pays qui s'enorgueillit de Robert Burns, peut incontestablement donner à l'Europe un Haydn ou un Mozart. Burns était plus d'à moitié musicien. Mais suivez un instant l'histoire de la jeunesse de Haydn, et voyez Burns mourir de misère et de l'eau-de-vie qu'il prenait pour oublier sa misère. Si Haydn n'eût pas rencontré dès son enfance trois ou quatre protecteurs riches et une institution puissante (la pension des enfants de chœur de la cathédrale de Saint-Étienne), le plus grand harmoniste de l'Allemagne eût été un médiocre charron à Rohran en Hongrie. Le prince Esterhazy entend Haydn et le prend dans son orchestre ; c'est qu'un prince hongrois est un bien autre homme qu'un gros pair raisonnable des environs de Londres. Suivez les rapports du prince Esterhazy avec Haydn[1], et rien ne vous étonnera plus dans la différence des destinées de Haydn et de Burns, pas même la fastueuse statue que l'on vient d'élever à Burns.

Voici déjà vingt ans qu'un vernis

1. *Vies de Haydn, de Mozart et de Métastase,* page 56. (Page 49 de l'édition du *Divan.* N. D. L. E.).

de la plus sale hypocrisie s'étend comme une sorte de lèpre sur les mœurs des deux peuples les plus civilisés du monde. Parmi nous, depuis le sous-préfet jusqu'au ministre, chacun, tout en se croyant obligé à jouer la comédie pour les subalternes, se moque des jongleries de ses supérieurs [1]. Un homme qui a une pension de mille écus, n'admire la lithographie du coin qu'autant que l'auteur pense bien. Ainsi, s'il ne donne pas un *faux vote* dans le plus futile des beaux-arts, à la première épuration, l'ami de la maison, qui fait de petits rapports sans orthographe sur l'esprit public, lui fera supprimer sa pension. Voilà une *convenance* de plus, celle de l'hypocrisie qui vient contribuer à chasser de France le naturel et la gaieté. Quant à l'Angleterre, je vais transcrire une phrase de son plus grand poëte :

The cant which is the crying sin of this double-dealing and false-speaking time of selfish spoilers [2].

1. Un préfet, sous Napoléon, fait appeler un élève de M. le professeur Broussonet à Montpellier, et lui dit gravement : *Monsieur, la thèse que vous avez soutenue hier n'est pas catholique.* Cette thèse avait rapport à une maladie du bas-ventre qui rend triste ; il fallait dire que c'était l'*âme* qui rend triste.
2. Préface aux derniers chants de *Don Juan*. Ces derniers chants sont ce que j'ai lu de plus beau en poésie depuis vingt ans. L'assaut d'Ismaïl m'a fait oublier tout l'ennui de Caïn.

L'hypocrisie française a déjà tué la peinture ; pourra-t-elle enlacer la musique dans ses replis tortueux ?

Il n'y a rien de volontaire dans l'hypocrisie de l'Italien. Le péril est si voisin que l'hypocrisie, n'étant plus que de la prudence, n'est presque pas avilissante.

Je demande au lecteur la permission de lui présenter ici comme excuse et correctif des *exagérations* dont je me suis rendu coupable dans cet ouvrage, une lettre de mademoiselle de Lespinasse qui ne se trouve pas dans la correspondance de cette femme célèbre, imprimée il y a quelques années :

APOLOGIE
DE CE QUE MES AMIS APPELLENT MES EXAGÉRATIONS, MES ENTHOUSIASMES, MES CONTRADICTIONS, MES DISPARATES, MES ETC., ETC, ETC.

Mardi 31 janvier 1775.

« Hé bien ! voilà donc encore un piège que vous me tendez ! Vous me dites hier avec bonté : Vous allez demain à la *Fausse-Magie* ; j'exige de votre amitié de me mander ce que vous en aurez pensé. Mais vous savez bien, répondis-je, que je ne pense pas et que je ne juge jamais. N'importe, dites-vous ; j'aime vos impressions, d'abord parce qu'elles sont vraies, et puis parce qu'elles sont *outrées*, et que j'ai du plaisir à les combattre. Cette observation que vous croyez si bien fondée devrait donc m'arrêter ; je devrais après cela *me faire* un avis bien modéré, bien raisonnable : il manquerait sans doute de goût et de la connaissance des choses dont je parlerais ; mais au moins, je ne révolterais pas les gens d'esprit, parce qu'ils sont indulgents, et les sots m'estimeraient parce qu'ils aiment les *gobe-mouches*. Cela les laisse à leur place, au lieu que les impressions vives, les mouvements de l'âme, les blessent, les inquiètent sans les éclairer ni les échauffer jamais. Je vais donc me laisser aller : je n'aurai égard ni aux sots, ni aux gens d'esprit ; je ne craindrai pas même votre jugement, je m'y livre. Je serai sotte ou absurde, tout ce qu'il vous plaira ; je serai moi.

« J'ai eu du plaisir, oui, beaucoup de plaisir à cette répétition, et je défie tous les connaisseurs de me prouver que j'ai eu tort. J'ai admiré le talent de Grétry ; j'ai dit vingt fois avec transport : Jamais on n'a eu plus d'esprit, jamais on n'a mis tant de délicatesse, de finesse et de goût dans la musique ; elle a le piquant, la grâce de la conversation d'un homme d'esprit, qui attacherait toujours sans fatiguer jamais, qui ne mettrait que le degré de chaleur et de force convenable au sujet qu'il traite, et qui paraîtrait d'autant plus riche, qu'il ne sortirait jamais de la mesure que lui prescrirait le goût. Enfin, disais-je, si l'auteur de cette musique m'était inconnu, je ferais l'impossible pour faire connaissance avec lui dès aujourd'hui. J'ai été toujours animée, toujours soutenue par le plaisir ; l'orchestre me semblait parler, et je m'écriais sans cesse : *Oh! que cela est ravissant!* Oui, je le répète, il est ravissant de passer deux heures avec des sensations douces, vraies et toujours variées. Le poëme m'a paru charmant ; il me semble que le poëte n'a été occupé, d'un bout à l'autre, qu'à faire valoir le musicien. Les airs sont distribués avec beaucoup d'intelligence et de goût ; il a trouvé le moyen de rendre les vieillards aussi comiques, aussi piquants que ceux de Molière. Grétry a fait de cette scène un duo qui en rend le comique et la gaieté d'une manière aussi animée qu'originale. Enfin, que vous dirai-je ? J'ai été ravie, charmée, et je ne sais qu'aimer et louer, et point critiquer ce qui m'a autant fait de plaisir.

« Je vous vois, je vous entends, et vous espérez que je vais mettre Grétry au-dessus de Gluck, parce que l'impression du moment, fût-elle plus faible, doit effacer celle qui est éloignée. Hé bien ! il n'en sera rien, et je vous ferai remarquer que si je suis exagérée, je ne suis point exclusive ; et savez-vous pourquoi ? c'est que c'est mon âme qui loue, c'est que je hais le dénigrement, et que d'ailleurs je suis assez heureuse pour aimer à la folie les choses qui paraissent le plus opposées ; si bien donc que j'aime, que je chéris le talent de M. Grétry, et j'estime et admire celui de M. Gluck. Mais comme je n'ai ni les lumières, ni les connaissances, ni la sottise nécessaires pour assigner des places et des rangs aux talents, je ne m'avise pas de prononcer lequel vaut le mieux, ni même de comparer ce qui ne paraît pas devoir se rapprocher. Je ne sais à quelle distance la nature les a mis l'un de l'autre ; mais je sais qu'à talent égal, ils auront dû en faire un emploi différent, puisque le genre de l'opéra-comique n'est pas celui de la tragédie. L'impression que j'ai reçue de la musique d'*Orphée*, ne ressemble en rien à ce que j'ai éprouvé ce matin. Elle a été si profonde, si déchirante, qu'il m'était absolument impossible de parler de ce que je sentais : j'éprouvais le trouble d'une passion, j'avais besoin de me recueillir ; et ceux qui n'auraient pas partagé ce que je sentais auraient pu croire que j'étais stupide. Cette musique était tellement analogue à mon âme, à ma disposition, que vingt fois je suis venue me renfermer chez moi pour jouir encore de l'impression que j'avais reçue ; en un mot, cette musique, ces accents attachaient du charme à la douleur, et je me sentais poursuivie par ces sons déchirants et sensibles, *j'ai perdu mon Eurydice*. Et comment voudriez-vous après cela que je pusse y comparer la *Fausse Magie*? Comment pouvoir comparer ce qui ne fait que plaire et attacher, à ce qui remplit l'âme, à ce qui la pénètre, à ce qui la bouleverse ? comment comparer l'esprit à la passion ? Comment comparer un plaisir vif et animé à cette mélancolie douce, qui fait presque de la douleur une jouissance ? Oh ! non, je ne compare rien, et je jouis de tout. Et vous appelez cela des contradictions dans mes goûts, des disparates dans mes opinions. Eh bien ! soit ; je ne serai pas conséquente comme la raison ; mais j'aurai tout le plaisir de la sensibilité, et de tous les genres de sensibilité. Analysons moins et jouissons davantage ; ne portons pas l'esprit de critique aux choses d'agrément et de pur amusement ; soyons au moins indulgents pour ce qui vient de nous faire plaisir, et notre goût n'en sera ni moins bon ni moins juste.

« J'aimerai donc ce qui me paraît le plus distant, le plus contraire même ; j'aimerai le paisible, le doux Gessner, il portera le calme dans mon âme ; et j'aimerai, j'admirerai, je serai à genoux devant *Clarisse*, que je regarde comme une des plus belles, des plus grandes et des plus fortes productions de l'esprit humain ; je serai ravie, exaltée par tous les genres de beauté dont cet ouvrage est plein. La vérité, la simplicité de ce roman me font assez d'illusion pour me persuader que j'ai vécu avec tous les *Harlowes*. Ils animeront toutes les passions dont mon âme est susceptible ; et, en admirant *Clarisse*, je ne dédaignerai point *Marianne;* j'y trouverai, sinon la vérité des passions, du moins celle de l'amour-propre, celle des différents états de la société. J'aimerai à voir toutes les nuances de la vanité rendues et mises en action avec finesse et esprit. J'admirerai dans *Clarisse* la noble simplicité de Richardson ; et dans Marivaux j'irai jusqu'à aimer sa manière et même son affectation, qui est souvent originale et piquante, et qui est toujours spirituelle. Oui, dans tous les genres, j'aimerai ce qui paraît opposé, mais qui n'est peut-être opposé que pour les gens qui veulent toujours juger, et qui ont le malheur de ne point sentir.

« La nature, il est vrai, les a bien dédommagés ; ils sont toujours contents de leur raison, de leur modération, et de la conséquence qu'il y a dans tous leurs goûts ; leur esprit est roide, ils le croient juste ; leur âme est de plomb, ils la croient calme ; enfin, ils ont la satisfaction de la suffisance, et moi j'ai l'égarement de la passion. Il est vrai que ces gens si raisonnables se sentent à peine exister, et moi, je souffre ou je jouis sans cesse ; ils sont ennuyés, je suis enivrée ; mais pour rendre justice à eux et à moi je dois avouer que s'ils sont quelquefois ennuyeux, je suis souvent fatigante. Les gens froids peuvent être exagérés ; mais les gens animés ne sont et ne peuvent être que hors de mesure et outrés : tous les deux vont par-delà le but ; mais les uns s'y sont montés, tandis que les autres y ont été jetés, entraînés. Les uns ont fait le chemin pas à pas, les autres ont sauté les bornes sans les apercevoir. Enfin, je trouve qu'il y a cette différence entre les gens exagérés et ceux qui sont outrés, qu'on évite les premiers et qu'on quitte les derniers, mais c'est à condition d'y revenir le lendemain ; car, ce qu'on aime par-dessus tout, c'est à être aimé, et voilà l'avantage qu'on éprouve avec les gens passionnés : ils révoltent sans doute, souvent ils choquent, ils fatiguent : mais en les critiquant, en les condamnant, même en les haïssant, ils attirent, et on les recherche. Vous me direz que je n'y vais pas de *main morte*, et que je me loue de manière à révolter le goût et la délicatesse de tous mes juges. Mais c'est à vous que je parle, et vous êtes mon ami avant d'être mon juge ; d'ailleurs, pour excuser cet orgueil de Lucifer, que je viens d'étaler, je dois vous faire observer que je me défends, et alors il est permis de parler de soi comme on parlerait d'un autre : il n'est donc pas question d'être modeste, il s'agit d'être vrai.

« Je reviens encore à mes preuves, et j'ajoute que j'aime Racine avec passion, et qu'il y a dans Shakspeare des morceaux qui m'ont transportée ; et ces deux hommes-là sont absolument opposés. On est attiré, entraîné par le goût de Racine, par l'élégance, la sensibilité et le charme de sa diction ; et Shakspeare rebute par la barbarie de son goût ; mais aussi, on est surpris, frappé de sa vigueur, de son originalité et de son élévation dans certains endroits. O permettez-moi donc d'aimer l'un et l'autre ! J'aime la naïveté, la simplicité de La Fontaine, et j'aime aussi le fin, l'ingénieux, le spirituel Lamotte. Enfin, je ne finirais pas, si je parcourais tous les genres ; car je dirais que je raffole du bon Plutarque et que j'estime le sévère La Rochefoucauld ; que j'aime le décousu de Montaigne, et que j'aime aussi l'ordre et la raison de Fénelon.

« Je vous entends vous récrier : Mais il ne fallait pas m'assommer de ce détail de vos goûts : que ne disiez-vous tout d'un coup, j'aime tout ce qui est bon ? Mais souvenez-vous donc que je vous l'ai dit cent fois, et que sans doute je ne vous ai point persuadé ; car vous ne vous lassez point de me dire que je loue trop, que je suis exagérée, outrée, hors de mesure ; il fallait donc vous prouver que j'étais fondée à aimer, à admirer ; et ce n'est point avec de l'esprit qu'on jouit autant, c'est avec de l'âme. Souffrez que je dise, que je répète que je ne juge rien, mais que je sens tout ; et c'est ce qui fait que vous ne m'entendez jamais dire : *cela est bon, cela est mauvais;* mais je dis mille fois par jour : J'aime. Oui, j'aime, et j'aimerai à aimer tant que je respirerai, et je dirai de tout ce que disait une femme d'esprit en parlant de ses neveux : *J'aime mon neveu l'aîné parce qu'il a de l'esprit, j'aime mon neveu le cadet parce qu'il est bête.* Oui, elle avait raison, et je dirai comme elle : j'aime la moutarde parce qu'elle est forte, et j'aime le blanc-manger parce qu'il est doux. Mais avec cette voracité d'affections et de goûts, vous croiriez qu'il n'y a rien ni dans les choses ni dans les hommes, qui puisse me déplaire, me repousser. Oh mon Dieu ! je ne finirais pas si j'entrais dans tous les détails ; mais je me contenterai seulement de vous indiquer ce qui m'est antipathique : d'abord les vers qui n'ont que le mérite d'être bien faits, et qui sont vides de pensées et de sentiments, comme ceux de M. De..... ; les comédies qui sont vides d'intérêt et d'esprit, et qui sont écrites d'un ton trivial, comme celles de M..... ; ou celles qui ont une espèce de jargon qui ne peut être intelligible que pour la coterie de l'auteur, comme celles de M..... ; les tragédies dont le sujet est passionné, fort et terrible, et dont le style est faible et plat, ou quelquefois barbare, comme celles de M..... Enfin, je vous dirai, car il faut finir, que le *maniéré*, et même le *fin*, et surtout le *fade*, est pour moi comme la manne ou la tisane, d'un dégoût mortel, avec cette différence pourtant que la manne et la tisane pourraient cesser de m'être antipathiques en me devenant nécessaires, et que le reste m'est et me sera également odieux dans tous les temps. A l'égard de mon attrait et de mon éloignement pour les personnes, il est absolument analogue à mes goûts ou à mon aversion pour les choses. J'aime mieux une bête qu'un sot ; j'aime mieux un homme sensible qu'un homme spirituel ; j'aime mieux une femme tendre qu'une femme raisonnable ; je préfère la rusticité à l'affectation ; j'aime mieux la dureté que la flatterie ; je préfère, j'aime avant tout, par-dessus tout, la simplicité et la bonté, mais surtout la bonté. Voilà la vertu qui devrait animer tout ce qui a la puissance ou la richesse. C'est aussi la vertu qui convient aux faibles et aux malheureux ; enfin, c'est la bonté qui supplée à tout ; et dût-on en abuser, et dussé-je en souffrir, je n'hésiterais pas, si on me donnait le choix d'avoir ou la bonté de madame Geoffrin ou la beauté de madame de Brionne : je dirais : Donnez-moi la bonté, et je serai aimée ; voilà le premier, et si je me laissais aller, je dirais l'unique bien dont je veuille. Si je ne me trompe, il y en a un plus grand encore, c'est d'aimer ; mais la bonté est déjà une affection de l'âme, et avec cette vertu on aime tout ce qui souffre, tout ce qui est malheureux. Ah ! l'on aime donc longtemps ! ah ! l'on doit aimer toujours ! et avec ce degré de bonté que je loue, que j'envie, on pourrait se passer du plaisir des passions. L'âme serait sans cesse en activité, et n'est-ce pas là le plus grand charme de la vie ?

« Mais dites-moi si ce n'est pas à vous que je dois souhaiter cette passion jusqu'à l'excès. Que de bonté ne vous faudra-t-il pas pour lire cette longue, froide et fatigante apologie ! Ah ! vous voilà revenu à jamais de m'accuser ; mon exagération est encore moins insupportable que ma justification : mais aussi j'y ai été poussée ; tous mes chers amis m'accablent ; j'ai voulu leur prouver une fois par des raisons, que ce qu'ils appellent ma folie et mes disparates, n'est autre chose que la raison ou le sentiment, ou la passion. Quelle est donc la conséquence de tout ceci ? quel en est le résultat ? Voulez-vous que je vous le dise à l'oreille ?... Mais non, vous ne me croiriez pas, et cependant je vous aurais découvert le secret de mon âme. Adieu ; condamnez-moi, critiquez-moi, mais aimez-moi ; je me louerai de votre bonté, et je ne sentirai qu'elle [1]. »

FIN

---

[1]. Nous avons reproduit scrupuleusement, pour cette lettre de Mademoiselle de Lespinasse, sur laquelle se termine l'édition originale de *La Vie de Rossini*, le texte donné par Stendhal, et nous n'avons pas voulu lui substituer celui des éditions critiques. N. D. L. E.

NOTE DES ÉDITEURS [1]

POUR SERVIR DE COMPLÉMENT A LA VIE DE ROSSINI

Si jamais il est nécessaire de recommander aux lecteurs d'un livre de se reporter à l'époque où ce livre fut écrit, c'est assurément lorsqu'il s'agit, comme dans l'ouvrage qui précède, de la biographie d'un homme de génie, composée et publiée à un moment où cet homme, à peine âgé de trente et un ans, n'était pas encore arrivé à l'apogée de sa gloire. C'est pour cela surtout que nous avons cru devoir compléter la *Vie de Rossini*, par un simple et rapide résumé des faits les plus importants qui ont signalé la carrière de cet homme vraiment extraordinaire, depuis 1823 jusqu'à nos jours.

On a vu (chap. XXXIX) que Rossini devait aller à Londres en 1824, et l'on se rappelle sans doute aussi les prédictions

[1]. Cette note et la liste suivante apparaissent seulement pour la première fois dans l'édition de 1854, due aux soins de Romain Colomb. Préparées ou non par des notes de Stendhal, elles n'en sont pas moins utiles et intéressantes. N. D. L. E.

que Stendhal fait un peu plus loin au héros de son livre, pour le cas où celui-ci viendrait résider à Paris. Le voyage à Londres, en projet lors de la publication de l'ouvrage, et le séjour à Paris, eurent lieu en effet, et voici, suivant des renseignements devenus aujourd'hui historiques, ce qu'il advint de cette émigration du maestro de Pésare.

C'est peu de temps après la représentation de *Semiramide*, donnée à Venise pendant le carnaval de 1823, et blessé, dit-on, du peu de succès de ce chef-d'œuvre, que Rossini se rendit à Londres, en passant par Paris, où il ne demeura que peu de jours, parce qu'un engagement l'appelait immédiatement en Angleterre. Son succès fut grand pendant les cinq mois qu'il passa à Londres, au moins, si l'on en juge par la somme énorme que lui rapporta son séjour dans cette capitale, où l'on sait que l'admiration se manifeste surtout par des couronnes de bank-notes. Le produit de ses concerts et de ses leçons ne s'éleva pas à moins de deux cent mille francs, somme à laquelle il faut ajouter celle de deux mille livres sterling (cinquante mille francs) qui lui fut offerte par une réunion de membres du parlement.

Au mois d'octobre de la même année, Rossini arriva à Paris, pour y prendre, aux termes des conventions passées entre lui et le ministre de la maison du roi, la direction de la musique du Théâtre-Italien. Ses engagements lui imposaient l'obligation d'écrire non-seulement pour le Théâtre-Italien, mais encore pour l'Opéra français, et le nombre d'ouvrages stipulés devait faire espérer à nos deux théâtres lyriques une imposante série de chefs-d'œuvre. Mais déjà le maître, on l'a vu dans le livre même de son enthousiaste biographe, avait commencé à adopter le système des pastiches, c'est-à-dire des marqueteries musicales composées de morceaux empruntés à ses anciens ouvrages, et mêlés à quelques morceaux entièrement neufs ; on n'a pas oublié cette phrase de Stendhal : « A Londres, Rossini, loin du « théâtre de sa gloire, n'en aura que plus « de facilité à donner de la vieille musique « pour nouvelle ; son défaut naturel va « se renforcer. » Confessons cependant qu'à cet égard l'auteur de *Semiramide* en usa chez nous avec la plus grande franchise, soit par parti pris de loyauté, soit par conscience de la difficulté de tromper complètement les érudits du dilettantisme parisien.

Son premier ouvrage fut écrit en italien ; c'est un opéra de circonstance, représenté en 1825, à propos du sacre de Charles X ;

il est intitulé : *il Viaggio a Reims*. Cet opéra eut surtout le singulier mérite d'être exécuté de la façon la plus merveilleuse par mesdames Pasta, Mombelli, Cinti (depuis madame Damoreau), et MM. Zuchelli, Donzelli, Bordogni, Pellegrini et Levasseur. Une direction transitoire, qui a eu, en 1848, la malencontreuse idée de le reprendre, a mis la génération actuelle à même d'apprécier la faiblesse de ce léger essai, essai qui a fourni pourtant au compositeur un des plus beaux morceaux du *Comte Ory*.

Heureusement Rossini n'en resta pas là. L'année suivante, en 1826, il arrangea pour l'Opéra français son *Maometto Secondo* ; le nouvel ouvrage fut intitulé : *le Siège de Corinthe*, et obtint un grand succès. La partition italienne avait été complètement remaniée ; plusieurs morceaux disparurent et furent remplacés par des morceaux entièrement neufs ; on peut citer entre autres le grand air chanté par madame Damoreau, et l'admirable scène de la bénédiction des drapeaux au troisième acte. Ainsi que nous l'avons dit, tout le monde sut, dès l'abord, à quoi s'en tenir sur la part à faire à la musique ancienne et à la musique nouvelle dans cette œuvre, en somme fort remarquable.

Il en fut de même, en 1827, de l'arrangement du *Mosè* italien qui nous valut le *Moïse* en quatre actes, accueilli avec un si grand enthousiasme au grand Opéra. Ici toutefois, il faut le dire, la part de la musique écrite spécialement pour l'œuvre nouvelle fut beaucoup plus considérable. Ainsi, le premier acte presque tout entier, les délicieux airs de danse et le colossal finale du troisième acte, enfin l'admirable air de soprano avec chœurs du quatrième acte sont tout à fait étrangers à la partition italienne, et suffiraient à eux seuls pour constituer un véritable et grand chef-d'œuvre. Du reste, quel qu'ait été le succès obtenu par *Moïse* lors des premières représentations, on peut affirmer que jamais cet immortel opéra ne fut aussi vivement apprécié, aussi unanimement compris et applaudi qu'il l'est aujourd'hui. Il était peut-être nécessaire, pour que la grande musique de Rossini, pour que des œuvres telles que *Semiramide*, *Otello*, *Moïse* et *Guillaume Tell* devinssent accessibles à la masse du public français, il fallait peut-être, disons-nous, que ce public apprît à étudier et à comprendre les œuvres de haute portée, à se familiariser avec les morceaux de grand développement, comme il a dû forcément le faire depuis vingt ans à l'école des grandes compositions modernes.

Le *Comte Ory*, qui fut représenté en 1828, contient, ainsi que nous venons de le dire, des fragments de l'opéra italien *il Viaggio a Reims*; on y trouve en outre quelques morceaux empruntés à d'autres partitions de Rossini, entre autres un air de *Metilde di Shabran*; mais la majeure partie de l'ouvrage est entièrement nouvelle, et l'ensemble forme un tout si parfaitement homogène, si merveilleusement en harmonie avec le genre et les situations du livret qu'on croirait véritablement que la musique de cet opéra a été écrite d'un bout à l'autre d'un seul jet et sous l'inspiration même du sujet. Nous n'hésitons pas à proclamer cette partition digne de figurer à côté des ouvrages les plus célèbres du maestro; c'est depuis l'introduction jusqu'au trio final un ravissant chef-d'œuvre de grâce, d'esprit, d'ironie, un véritable type de ce que devrait toujours être la musique française. Pourtant, le *Comte Ory* n'a jamais obtenu un grand succès sur notre première scène lyrique; fort goûté dans les théâtres de province et dans les salons, il est resté trop souvent éloigné du répertoire du grand Opéra, probablement en raison des difficultés que présente l'exécution rarement complète et satisfaisante, et aussi des habitudes du public, séduit par les splendeurs de mise en scène des grands ouvrages en cinq actes.

Enfin, en 1829, vint *Guillaume Tell*, la plus admirable, sans contredit, des compositions de Rossini, chef-d'œuvre entre les chefs-d'œuvre, celui de tous dans lequel éclate à chaque phrase dans toute sa magnificence le puissant génie de l'immortel maître. Là, en effet, brillent toutes les hautes qualités qui sont l'apanage des grands artistes. La passion, le sentiment héroïque, la tendresse dans ce qu'elle a de plus poétique et de plus élevé, l'amour filial et le désespoir dans ce qu'ils ont de plus poignant, puis aussi la grâce, l'élégance et un incomparable sentiment de la nature, exprimé par les mélodies les plus exquises, les plus poétiquement inspirées. Les chœurs de *Guillaume Tell* sont des poëmes divins, de même que le grand trio du second acte est à lui seul tout un drame. Nous ne voulons point entreprendre une analyse détaillée de cette partition, comme l'a fait Stendhal pour *Cenerentola* et la *Gazza ladra*, mais nous estimons que si l'auteur de la *Vie de Rossini* eût étudié le dernier chef-d'œuvre de son héros comme il avait étudié les premiers, il lui eût consacré un volume tout entier.

Guillaume Tell joue un rôle très important dans la vie du maestro ; c'est au tiède accueil fait à cet ouvrage par le public parisien qu'est due en quelque sorte l'abdication de l'auteur. Il sentait, il avait conscience qu'il avait produit un chef-d'œuvre ; l'indifférence du public le blessa profondément ; il brisa sa plume, et, à peine âgé de trente-sept ans, renonça à tout jamais à écrire pour le théâtre. En vain l'immense succès de la reprise du chef-d'œuvre, à l'époque des débuts de M. Duprez, vint-il venger l'auteur des injustes froideurs des premiers juges ; en vain les propositions les plus magnifiques allèrent-elles trouver Rossini dans sa retraite, sa résolution fut irrévocable. Voici, du reste, suivant un biographe, en quels termes il l'avait lui-même formulée :

« Un succès de plus n'ajouterait rien à
« ma renommée ; une chute pourrait y
« porter atteinte ; je n'ai pas besoin de
« l'un, et je ne veux pas m'exposer à
« l'autre. »

Des gens qui prétendent connaître à fond le caractère de l'illustre compositeur, assurent que sa paresse fut de moitié avec son amour-propre pour le rendre inébranlable dans ses projets de silence. Pourtant, ce silence fut rompu à diverses reprises, mais seulement pour la composition d'un *Stabat mater*, magnifique essai de musique religieuse, dans lequel on admire particulièrement le *pro peccatis* et l'*inflammatus est*, et pour l'improvisation de quelques chœurs et de quelques mélodies détachées, dont on trouvera les titres dans le catalogue général de ses œuvres, placé à la fin de cette note. Quant à l'arrangement du *Robert Bruce*, représenté à l'Opéra en 1846, on assure, et il y a quelque lieu d'ajouter foi à cette affirmation, qu'il n'en a pas écrit une seule note ; il se serait borné, dit-on, à approuver les emprunts faits à ses divers ouvrages, la *Donna del Lago, Bianca e Faliero, Torvaldo e Dorlisca, Ermione, Armide*, etc., pour la composition de ce pastiche, ainsi que les récitatifs et les quelques rentrées d'orchestre ajoutés par un compositeur français. Quoi qu'il en soit, cet ouvrage, composé de morceaux très remarquables, était de nature à obtenir un grand succès, et serait encore aujourd'hui vivement applaudi, s'il était soutenu par une exécution digne de sa valeur. Quand Rossini se décida à ne plus écrire pour le théâtre, et plus tard à quitter la France, qui avait accueilli son génie avec tant d'enthousiasme et sa personne avec tant de sympathie, il est vraisemblable qu'il n'obéit point seulement à un mouvement d'amour-propre ; un autre motif assez délicat le brouilla, dit-on, avec cette ville de Paris, où il se plaisait infiniment et dont il avait fait sa seconde patrie, sa patrie d'adoption. Voici ce que raconte à ce sujet M. Fétis [1].

« La place de directeur du Théâtre-Italien qu'on avait donnée à Rossini, lorsqu'il arriva à Paris, ne convenait point à sa paresse. Jamais administration dramatique ne se montra moins active, moins habile que la sienne. La situation de ce théâtre était prospère lorsqu'il y entra : deux mois lui suffirent pour la conduire à deux doigts de sa perte ; car la plupart des bons acteurs s'étaient éloignés, et le répertoire était usé, sans que le directeur se fût occupé de remplacer les uns et de renouveler l'autre. Malgré ses préventions aveugles pour Rossini, M. de La Rochefoucault finit par comprendre qu'un homme de ce caractère était le moins capable de conduire une administration, et, de concert avec lui, il le nomma intendant général de la musique du roi et *inspecteur général du chant en France*, sinécures grotesques qui ne lui imposaient d'autre obligation que celle de recevoir un traitement annuel de vingt mille francs, et d'être pensionné si, par des circonstances imprévues, ses *fonctions* venaient à cesser. Ces arrangements, si favorables au compositeur, avaient pour but de l'obliger à écrire

---

1. *Biographie des musiciens*, t. VII, p. 485.

pour l'Opéra[1], mais ils lui laissaient la propriété de ses ouvrages et ne diminuaient nullement le produit qu'il devait en tirer. Si les choses fussent demeurées en cet état, Rossini aurait fait succéder à *Guillaume Tell* cinq ou six opéras ; mais la révolution, qui précipita du trône Charles X et sa dynastie, au mois de juillet 1830, rompit les liens qui attachaient l'artiste au monarque, et le rendit à sa paresse, en le privant de son traitement. Dès lors, une discussion s'éleva pour la pension de six mille francs réclamée par Rossini. La révolution de juillet, disait-il, était certainement le moins prévu des événements qui devaient faire cesser ses fonctions ; il demandait donc le dédommagement stipulé pour ce cas. De leur côté, les commissaires de la liquidation de la liste civile prétendaient assimiler son sort à celui des autres serviteurs de l'ancien roi, qui, privés de leurs emplois, avaient aussi perdu tous leurs droits ; mais le malin artiste avait obtenu, comme un titre d'honneur, que l'acte de ses engagements avec la cour fût signé par le roi lui-même, et par là avait

1. Rossini devint en effet à cette époque le conseiller intime, l'âme de l'Opéra, alors dirigé par M. Lubbert. On peut, en consultant les journaux et surtout les feuilles satiriques du temps, juger, d'après les plaisanteries dont il fut l'objet, de l'importance du rôle qu'on lui attribuait dans la direction de l'Académie royale de musique.

rendu personnelles les obligations de Charles X envers lui ; cette habile manœuvre lui valut le gain de son procès.

« Pendant les cinq ou six années que durèrent les contestations à ce sujet, Rossini avait continué à résider à Paris. Par son influence, deux de ses amis avaient obtenu le privilège de l'Opéra italien ; ils l'avaient admis au partage des bénéfices considérables de cette entreprise, sous la seule condition de donner quelques soins au choix des opéras et des chanteurs, et d'assister aux dernières répétitions des ouvrages nouveaux. Depuis cette association, où tout était profit pour lui, Rossini s'était retiré dans un misérable logement situé dans les combles du Théâtre-Italien [1]. C'était là qu'allaient le trouver les premiers personnages du pays, et qu'il les faisait souvent attendre longtemps dans une antichambre ; c'était pour aller le visiter dans ce chenil que l'ex-empereur du Brésil don Pedro, montait les degrés d'une sorte d'échelle placée dans une profonde obscurité. Rossini s'excusait d'une situation si peu faite pour un artiste tel que lui, sous le prétexte de la perte de ses revenus, et de la nécessité de vivre avec économie. Personne n'était dupe de cette comédie,

---

[1] Le théâtre Italien était alors à la salle Favart.

car tout le monde savait que la riche dot de sa femme, les sommes considérables qu'il avait rapportées d'Angleterre, le produit des représentations de ses ouvrages à l'Opéra, la vente de ses partitions et les affaires excellentes où ses amis MM. Rothschild et Aguado l'avaient admis, lui avaient constitué une fortune opulente. Il vivait dans un grenier à Paris, mais à Bologne il avait un palais où étaient rassemblés des objets d'art, de belles porcelaines et la somptueuse argenterie de l'ancien ambassadeur Mareschalchi. En 1836, il retourna en Italie, dans le dessein d'y faire un voyage seulement, et de visiter ses propriétés ; mais son séjour s'y prolongea, et l'incendie du Théâtre-Italien, où périt un de ses associés [1], le décida à s'y fixer. »

Depuis lors, Rossini vit dans les délices de ce *dolce farniente*, qu'il adore, voyageant de temps à autre dans l'intérieur de la péninsule, allant de Bologne à Milan, à Venise, à Florence, à Rome, à Naples ; il n'a fait qu'un seul voyage en France, il y a une douzaine d'années, et les témoignages d'admiration et de respect dont il a été entouré n'ont réussi ni à lui faire rompre le silence en faveur d'un de nos

---

1. Cet incendie eut lieu au mois de janvier 1838.

théâtres, ni à le ramener dans le pays où il serait le mieux à même de jouir de sa gloire. Car, chose remarquable, l'Italie, avide de musique nouvelle, quelle qu'elle soit, néglige fort les œuvres du puissant génie qui domine de si haut l'art lyrique contemporain ; l'Allemagne le goûte fort, il est vrai, aujourd'hui, mais le représente rarement. Paris est de toutes les capitales du monde celle où le nom et la musique de Rossini excitent toujours le plus d'enthousiasme, celle aussi où ses opéras sont relativement exécutés avec le plus d'éclat et de pompe, sinon avec la plus complète perfection.

On a dit que Rossini était devenu indifférent à sa gloire musicale ; il y a tout lieu de croire qu'on s'est trompé ; on aura pris pour de l'indifférence quelque saillie ironique du spirituel auteur d'*il Barbiere*. Voici, dans ce genre, une anecdote qui nous paraît assez bien caractériser l'esprit volontiers mystificateur du grand maestro.

Un de nos amis se trouvait un jour, il y a une dizaine d'années, dans le bureau du secrétaire de la légation française à Rome, attendant un renseignement ; il vit entrer un assez gros homme qu'à sa tournure, à sa mise et à son parapluie sous le bras, on aurait aisément pris pour un bon bourgeois romain, mais en qui il reconnut aussitôt l'auteur de *Guillaume Tell*. Retiré dans un angle de la salle, notre ami se prit à examiner le grand compositeur et à rechercher sur ce visage charnu, sur cette physionomie sensuelle, les lignes et les caractères du génie musical. Pendant ce temps-là, Rossini s'était approché du secrétaire, pour faire viser le passe-port d'une dame française qui se rendait à Naples. Le visa et le cachet apposés sur la feuille, on la rendit au gros homme, qui remercia, la mit dans sa poche et se dirigea vers la porte. Tout à coup, et comme ayant l'air de se raviser, il se retourna du côté du secrétaire, qui, jusque-là, n'avait paru faire aucune attention à lui :

— A propos, monsieur, lui dit-il en français, auriez-vous quelques commissions pour Naples ; j'y accompagne madame N..., je m'en chargerais avec plaisir.

Le secrétaire regarda avec étonnement cet étrange monsieur qui, sans être connu de lui, venait ainsi à brûle-pourpoint lui faire de pareilles offres de services.

— Mais non, monsieur, lui répondit-il, d'un ton qui voulait dire en même temps : Voilà un plaisant original !

— Oh ! vous pourriez m'en charger sans crainte, reprit le gros homme, en mettant la main sur le bouton de la porte, vous avez peut-être entendu parler de moi en France ; je suis monsieur Rossini... un ancien compositeur de musique.

Le secrétaire se leva pour le saluer et s'excuser ; mais Rossini avait déjà fermé la porte sur lui, et il se sauvait en riant.

Espérons que tout ancien compositeur de musique qu'il se dit, Rossini n'aura pas consacré exclusivement ses loisirs à la pêche et aux bons mots, et qu'un jour viendra où il y aura encore une page glorieuse à ajouter à cette biographie.

LISTE CHRONOLOGIQUE

DES COMPOSITIONS DE ROSSINI

(Cette liste complète celle qu'a donnée Stendhal, page 237.)

1. *Il pianto d'Armonia*, cantate, 1808.
2. Symphonie à grand orchestre, 1809.
3. Quatuor pour deux violons, alto et basse, 1809.
4. *La Cambiale di matrimonio*, opéra, 1810.
5. *L'Equivoco stravagante*, opéra, 1811.
6. *Didone abbandonata*, cantate, 1811.
7. *Demetrio e Polibio*, opéra, 1811.
8. *L'Inganno felice*, opéra, 1812.
9. *Ciro in Babilonia*, opéra, 1812.
10. *La Scala di seta*, opéra, 1812.
11. *La Pietra del paragone*, opéra, 1812.
12. *L'Occasione fa il ladro*, opéra, 1812.
13. *Il Figlio per azzardo*, opéra, 1813.
14. *Tancredi*, opéra, 1813.
15. *L'Italiana in Algeri*, opéra, 1813.
16. *L'Aureliano in Palmira*, opéra, 1814.
17. *Egle e Irene*, cantate inédite, 1814.
18. *Il Turco in Italia*, opéra, 1814.
19. *Elisabetta*, opéra, 1815.

20. *Torvaldo e Dorlisca*, opéra, 1816.
21. *Il Barbiere di Siviglia*, opéra, 1816.
22. *La Gazetta*, opéra, 1816.
23. *Otello*, opéra, 1816.
24. *Teti e Peleo*, Cantate, 1816.
25. *Cenerentola*, opéra, 1817.
26. *La Gazza ladra*, opéra, 1817.
27. *Armide*, opéra, 1817.
28. *Adelaide di Borgogna*, opéra, 1818.
29. *Mosè*, opéra, 1818.
30. *Ricciardo e Zoraïde*, opéra, 1818.
31. *Ermione*, opéra, 1819.
32. *Edoardo e Cristina*, opéra, 1819.
33. *La Donna del lago*, opéra, 1819.
34. Cantate pour la fête du roi de Naples, 1819.
35. *Bianca e Faliero*, opéra, 1820.
36. *Maometto II*, opéra, 1820.
37. Cantate pour l'empereur d'Autriche, 1820.
38. *Metilde di Shabran*, opéra, 1821.
39. *La Riconoscenza*, cantate, 1821.
40. *Zelmira*, opéra, 1822.
41. *Il Vero omaggio*, cantate, 1822.
42. *Semiramide*, opéra, 1823.
43. *Sigismundo*, opéra, 1823.
44. *Il Viaggio a Reims*, opéra, 1825.
45. *Le Siège de Corinthe*, opéra, 1826.
46. *Moïse*, opéra, 1827.
47. *Le comte Ory*, opéra, 1828.
48. *Guillaume Tell*, opéra, 1829.

49. Une messe, 1832.
50. *Les Soirées musicales*, douze morceaux de chant, 1840.
51. Quatre ariettes italiennes, 1841.
52. *Stabat mater*, 1842.
53. *La Foi, l'Espérance et la Charité*, trois chœurs, 1843.
54. *Robert Bruce*, opéra, 1846.
55. Stances à Pie IX, 1847.

APPENDICE

NOTICE SUR LA VIE ET LES OUVRAGES DE MOZART (1)

Les Italiens se moquent beaucoup des Allemands ; ils les trouvent stupides, et en font cent contes plaisants. J'offensais le patriotisme d'antichambre et me faisais des ennemis, lorsque je leur disais : qu'avez-vous produit dans le XVIIIe siècle d'égal à Mozart, à Frédéric le Grand et à Catherine ?

Wolfgang Mozart, celui des hommes chez qui la présence du génie a été le moins voilée par les intérêts prosaïques de la vie, naquit à Salzbourg, jolie petite ville située au milieu des montagnes pittoresques et couvertes de forêts, qui forment au nord le revers des Alpes d'Italie. Il fut un enfant célèbre ; dès l'âge de six ans, son père le promenait en Europe pour tirer parti de son habilité étonnante sur le piano.

(1) Cette notice se trouve dans la deuxième édition de la *Vie de Rossini* (1824) à la suite de la préface. N. D. L. E

Mozart vécut à Munich, où il se maria, et à Vienne, où il fut toujours fort mal payé par Joseph II qui affectait de préférer la musique italienne.

Il nous reste de Mozart neuf opéras avec des paroles italiennes :

La Finta semplice.
Mitridate, Milan, 1770.
Lucio Silla, Milan, 1773.

Ce sont deux ouvrages probablement médiocres et savants pour l'année 1773. Mozart, à l'âge de dix-sept ans, aurait-il osé s'écarter du style à la mode ? C'eût été l'infaillible moyen de se faire siffler par les amateurs à goût *appris*, qui partout forment l'immense majorité et la majorité bruyante. C'est surtout à cause de ces gens-là qu'il serait utile que, dans les discussions sur les arts, les journaux eussent le sens commun.

La Giardiniera.
Idomeneo.

Mozart écrivit cet opéra à Munich en 1781 ; il était alors éperdument amoureux. Je ne connais pas assez *Idoménée* pour dire si l'on y trouve une nuance particulière de tendresse et de mélancolie.

Le Nozze di Figaro, 1787.
Don Giovanni, Prague, 1787.

Je trouvai à Dresde, en 1813, le vieux bouffe Bassi, pour lequel avaient été écrits, vingt-six ans auparavant, les rôles de Don Juan et du Comte dans les *Nozze di Figaro*. On se moquerait de moi si je parlais de la curiosité respectueuse avec laquelle je cherchais à faire parler ce bon vieillard. M. Mozart, me répondait-il, (quel plaisir d'entendre dire M. Mozart !) M. Mozart était un homme extrêmement original, fort distrait, et qui ne manquait pas de fierté ; il avait beaucoup de succès auprès des dames, quoiqu'il fût de petite taille ; mais il possédait une figure fort singulière et des yeux qui jetaient un sort sur les femmes. A ce propos M. Bassi me raconta trois ou quatre petites anecdotes que je ne placerai pas ici.

Cosi fan tutte, opera buffa.

L'air *la mia Doralice* du ténor est rempli de grâce ; cela est bien autrement touchant que les plus jolies choses de Paisiello ; le *finale* surtout est délicieux à cause d'une certaine langueur voluptueuse qui forme le vrai caractère du style de Mozart, quand il n'est pas fort et terrible. C'est à cause de ces deux qualités réunies, le terrible et la volupté tendre que Mozart est si singulier parmi les artistes ; Michel-Ange n'est que terrible, le Corrège n'est que tendre (1).

(1) Le *finale* dont je parle rend sensible cette vérité, que la tranquillité est la condition essentielle d'un cer-

La Clemenza di Tito, 1792.

Je ne sais si c'est à cause du goût affiché par Joseph II, mais Mozart, à la fin de sa carrière, s'italianisait d'une manière sensible. Il y a une distance immense de *Don Juan* à la *Clemenza*.

Mozart a laissé trois opéras allemands :
L'Enlèvement au Sérail, 1782.
Le Directeur de Troupe,
et le chef-d'œuvre intitulé :
La Flûte enchantée, 1792.

Le poème a ce degré de charmante extravagance et de singularité piquante qui prépare un triomphe facile aux littérateurs français, mais que nous avons dit si souvent être favorable aux effets de la musique. Cet art se charge d'ennoblir et de singulariser même les extravagances d'un génie vulgaire.

Mozart a laissé un nombre presque infini de chansons, de scène détachées, de symphonies, et plusieurs messes, dont la plus célèbre est celle de *Requiem*, qu'il fit dans la persuasion qu'il travaillait pour ses propres funérailles, pressentiment qui fut accompli ; il crut que l'ange de la mort,

---

tain genre de beauté, par exemple la beauté de Dresde durant une belle journée d'automne. Ce *finale* est l'un des morceaux où la musique se rapproche le plus de la sculpture antique vue à Rome dans un musée solitaire et silencieux.

caché sous la figure d'un vieillard, lui était venu commander cet ouvrage.

Mozart a su tirer un parti singulier des instruments à vent qui vont si bien à la mélancolie du Nord. Un petit morceau d'une symphonie de Mozart, orné par deux pages de phrases accessoires et explicatives, fera toujours une ouverture admirable pour tout opéra moderne. Né le 27 janvier 1756 Mozart cessa de vivre à Vienne le 5 décembre 1792 à trente-six ans. Si Mozart eût vécu en France, il n'y eût jamais eu de réputation, il était trop simple.

Les poétiques ne sont d'aucune utilité directe aux artistes qui doivent bien se garder de les lire ; il faut d'abord qu'elles agissent sur le public. Par exemple, s'il y avait en France une bonne théorie de la sculpture, le public ne supporterait pas une statue de Louis XIV en perruque et les jambes nues.

TABLE
DU SECOND VOLUME

CHAP. XX. *La Cenerentola*	1
La musique est incapable de parler vite	3
La mélodie ne peut pas peindre à demi.	4
Charmant duetto entre le prince et son valet de chambre	12
Mœurs de Rome comparées à celles de Paris	14
Le bouffe de Paccini	16
Le rire banni de France	21
Le beau idéal en musique varie comme les climats	23
Trois opéras de Rossini terminés par un grand air de la *prima donna*	25
CHAP. XXI. *Velluti*	28
Comparaison de Martin et de Velluti	33
CHAP. XXII. *La Gazza ladra*	34
Son immense succès	37
De l'ouverture de *la Gazza ladra*	38
Analyse musicale de cette pièce	40
CHAP. XXIII. Suite de *la Gazza ladra*, second acte	61
De l'orchestre de Louvois	75
La plupart des mouvements de Rossini changés par le chef d'orchestre de Louvois	75

Chap. XXIV. De l'admiration en France, ou du grand Opéra 77
Changements moraux et politiques en France, de 1765 à 1823............ 78
Napoléon maître absolu de la vérité.. 82
Bon mot de Tortoni.................. 84

Chap. XXV. Les deux amateurs........... 89

Chap. XXVI. *Mosè* 97
Analyse musicale de cet opéra........ 101
Effet prodigieux de la prière *Dal tuo stellato soglio*....................... 107
Comparaison de Rossini avec Goëthe.... 111

Chap. XXVII. De la révolution opérée dans le chant par Rossini 113
Comparaison entre Napoléon et Sylla... 114
Canova et le Sauvage, anecdote........ 118

Chap. XXVIII. Considérations générales : Histoire de Rossini par rapport au chant.. 122

Chap. XXIX. Révolution dans le système de Rossini 127
Rossini bon chanteur................. 128
Seconde manière de Rossini............ 134

Chap. XXX. Talent suranné en 1840....... 135

Chap. XXXI. Rossini se répète-t-il plus qu'un autre ? Détails de chant 138
Défaut du public de Louvois ; obstacles à son bon goût...................... 139

Chap. XXXII. Détails de la révolution opérée par Rossini........................ 144
Paganini, le premier violon de l'Italie. 149

Chap. XXXIII. Excuses. Originalité des voix effacées par Rossini.................. 151

TABLE DES MATIÈRES

Chap. XXXIV. Qualités de la voix	166
Chap. XXXV. Madame Pasta	171
Anecdote qui peint l'âme de cette admirable cantatrice	191
Lettres de Napoléon peignant l'amour le plus passionné	193
Chap. XXXVI. *La Donna del Lago*	194
Gasconisme de Rossini...............	197
Chap. XXXVII. De huit opéras de Rossini..	200
Adelaide Borgogna.................	200
Armida...........................	200
Ricciardo e Zoraide................	201
L'Ermione........................	202
Maometto Secondo	202
Metilde di Sabran..................	202
Zelmira...........................	203
Semiramide.......................	203
Chap. XXXVIII. *Bianca e Faliero*.........	206
Chap. XXXIX. *Odoardo e Cristina*	209
Projet d'une liste de tous les morceaux réellement différents, des opéras de Rossini, des morceaux bâtis sur la même idée, avec l'indication du duetto ou de l'air où elle est présentée avec le plus de bonheur.................	213
Chap. XL. Du style de Rossini	215
Chap. XLI. Opinion de Rossini sur quelques grands maîtres ses contemporains. — Caractère de Rossini	221
Chap. XLII. Anecdotes.................	228
Paresse de Rossini...................	228
Dernier mot.........................	235

Liste chronologique des Œuvres de Gioacchino Rossini, né à Pesaro le 29 février 1792...................... 237

Chap. XLIII. Utopie du Théâtre-Italien de Paris............................. 248
  Recettes de ce théâtre................ 249
  Dépenses approximatives de ce théâtre 250
  Budget de l'opéra Italien de Londres.. 250
  Projet de donner l'Opéra-Buffa à l'entreprise, avec une commission de surveillance 252
  Notes fournies par un ancien administrateur des théâtres................ 253
  Comparaison entre les peintres de décorations italiennes et les peintres français, différence énorme entre les prix...... 253
  Commission administrative des théâtres de Turin, Florence, Londres, Milan.. 254
  Projet d'une classe de chant italien au Conservatoire, Pellegrini ou Zuchelli professeur, et de mettre quatre pairs de France riches à la tête de cette école. 256
  Il serait bon de donner deux représentations par mois au grand Opéra.... 257
  On devrait engager Rossini pour deux ans à Paris............................ 259
  Sujets que l'on devrait engager........ 260

Chap. XLIV. Du matériel des théâtres en Italie................................. 261
  Désignation d'une place superbe pour construire à Paris une salle de spectacle à l'instar de celle de Moscou........ 262
  Des théâtres dits de *cartello* et leur classement.............................. 264
  Vigano, ses ballets admirables......... 271
  On devrait appliquer au Théâtre-Français l'usage de donner, comme en Italie, des

pièces nouvelles à des époques déterminées.................................. 274
Des décorations........................ 276

Chap. XLV. De *San-Carlo* et de l'état moral de Naples, patrie de la musique....... 279

Chap. XLVI. Des gens du Nord, par rapport
à la musique........................... 293

Des Allemands......................... 294
Des Anglais............................ 296
Des Ecossais........................... 297

Note des Éditeurs pour servir de complément à la *Vie de Rossini*.............. 313

Liste chronologique et complète de toutes
les compositions de Rossini............. 329

Appendice. Notice sur la vie et les ouvrages
de Mozart............................. 332

FIN DE LA TABLE DU SECOND VOLUME

ACHEVÉ D'IMPRIMER LE 4 JANVIER 1920
SUR LES PRESSES
DE L'IMPRIMERIE ALENÇONNAISE
F. GRISARD, *Administrateur*
11, RUE DES MARCHERIES, 11
ALENÇON (ORNE)

www.ingramcontent.com/pod-product-compliance
Lightning Source LLC
Chambersburg PA
CBHW060337170426
43202CB00014B/2798